Jean-Jacques

et l'amour

ŒUVRES

DE VICTOR MARGUERITTE

EN COLLABORATION AVEC PAUL MARGUERITTE

VICTOR MARGUERITTE

Jean-Jacques et l'amour

ERNEST FLAMMARION, ÉDITEUR

26, RUE RACINE, PARIS

TABLE DES MATIÈRES

DEUXIÈME PARTIE

AVANT-PROPOS

———

Cheminement des idées !

— « Pourquoi, me dirent un jour mes amis Fischer, ne donneriez-vous pas à la librairie Flammarion un volume dans la collection : « *Leurs amours* »?... *La Vie amoureuse de Jean-Jacques Rousseau*, par exemple ? »

Le projet me tenta. La vie amoureuse de Jean-Jacques ! C'est bien, pour qui a lu les *Confessions*, le plus extraordinaire roman qui se puisse imaginer... Et de relire, une fois de plus, le chef-d'œuvre qui parmi tant d'autres avait enchanté ma jeunesse... Mais, à mesure que dans mon admiration renaissaient les pages immortelles, aussi vives qu'à l'heure où elles m'étaient pour la première fois apparues « en leur fraische nou-

velleté », je me rendis compte qu'un tel sujet excédait, singulièrement, le cadre charmant qui m'était tracé.

La vie amoureuse de Jean-Jacques ! Ce
n'était pas seulement les étranges rapports
qu'entre les sens et l'esprit noua l'âme ar-
dente du philosophe, personnage freudien
cent cinquante ans avant Sigmund Freud !
C'est aussi l'étroite corrélation d'une telle
sexualité avec la *Nouvelle Héloïse* et *l'Émile*,
avec la fécondation de ces livres, germes d'un
monde nouveau, et qui, au moins autant que
le *Contrat social* et le *Discours sur l'Origine
et les Fondements de l'Inégalité parmi les
Hommes*, déterminèrent toute une littérature : le Romantisme, en même temps qu'ils
ouvraient une ère : la Révolution.

C'est de la sorte qu'en étudiant Jean-Jacques,
cœur plein de contradictions obscures et de
vérités éblouissantes, en l'étudiant non point
avec froideur, comme une pièce anatomique,
mais avec la pitié et le respect que méritent
tant de grandeur et de misère toujours vi-
vantes, j'ai été amené à me passionner, également, pour sa double, inséparable personna-
lité : l'homme, — dont les tristes amours, si
prosaïques qu'elles furent des premiers émois

de l'adolescence aux feux languissants du dé-
clin, demeurent, **sous** le voile magnifique du
style, le roman de l'Érotisme imaginatif, — et
le citoyen qui, jetant sur les ruines du
xviiie siècle les fondations du xixe, entrevit,
avant Karl Marx et Lénine, la cité future.

Poète prophétique !

D'où ce premier livre, *Jean-Jacques et
l'Amour*. J'y ai, chaque fois que je l'ai pu,
laissé Jean-Jacques, peint par lui-même, témoigner pour Jean-Jacques... Puis j'achèverai
quelque jour, sitôt que les travaux que j'ai
entrepris m'en permettront le loisir, cette
identification : *Jean-Jacques et la Révolution*.

Poète, ai-je dit du rêveur éveillé des *Confessions*. Poète, et donc édificateur...

« *Les poètes sont les législateurs non re-
connus du monde* ». Ainsi le promulgua
l'ami de Byron, le chantre mélodieux de *l'A-
louette* et du *Nuage*, Shelley, dont, après le
feu du Rythme, la flamme même du bûcher
ne put dévorer le cœur.

Ils vivent, ces prophètes, méconnus d'ordinaire par leurs contemporains. L'épaisse cé-
cité de la foule ne distingue pas leur secrète,

profonde clarté, l'appelle ombre. Mais qu'est-
ce que l'ombre, sinon l'un des jeux de la lumière ? Mystérieuses vies anticipées ! Grands
reflets « que l'avenir projette sur le présent »...

L'axiome du lyrique anglais, nul n'en illustre mieux l'éclat divinatoire que le génie
dont j'ai tenté d'esquisser ici le portrait sentimental, ce déconcertant Jean-Jacques dont
l'existence fut un tissu d'antinomies, une
trame à double face : vices honteux, inextri-
cablement mêlés à d'éclatantes vertus. Rousseau, ancêtre de Tolstoï, et, plus que Voltaire,
plus que Diderot, animateur de la Consti-
tuante et de la Convention...

Étonnante destinée que celle-ci ! L'enfant
perdu de Genève, le petit laquais chapardeur
de Turin, retrouvant en Mme de Warens la
maman qui au berceau lui a manqué et recevant d'elle toute l'éducation qui, en achevant
de déformer ses sens, lui façonnera l'esprit,
fera de lui l'un des grands « classiques » français... L'autodidacte des Charmettes, s'élevant
par l'Intelligence comme par la Bonté jusqu'à
la cime d'où il domine son temps, découvre
l'avenir ; névrosé qui ne cesse d'être érotomane que pour s'avérer paranoïaque, et dont

on ne sait s'il faut davantage le plaindre, pour
ses maux, ou l'admirer pour son perpétuel
élan — quand-même ! — vers la Justice et la
Vérité... Poète enfin qui galvanise la séche-
resse libertine de l'époque, retrempe la femme,
au bain salubre de la passion. Et prophète
qu'avant Hugo lapide non seulement la stupidité villageoise (Motiers-Bruxelles), mais
l'élite même !

Les « philosophes », parce qu'à leur matérialisme d'athées il opposait son spiritualisme
déiste... Les cléricaux, parce qu'à leurs cultes
dogmatiques il substitue une Foi, un Verbe
nouveaux : la religion naturelle... Plus, les
sycophantes de toute plume et de tout poil,
dont on connaît l'invariable habitude :

« Elle fait des tableaux couvrir les nudités,
Mais elle a de l'amour pour les réalités... »

Cependant, hors peut-être le rapprochement
freudien, et dans quelle mesure la névrose ici
devient génie, nulle prétention à enrichir
de révélations inédites, avec ce livre, les ar-
chives du culte « rousseauiste ».

Il n'a pour but que d'évoquer, à travers ses

romans, la mémoire de notre Père à tous, ro-
mantiques et réalistes, — de saluer, avec une
tendresse filiale, cette image faite d'apparents
contrastes, mais qu'une ligne pure néanmoins unifie, ce séduisant, ce tourmenté visage de l'Amant de la Nature et de l'Amant de
la Vertu, — créateur d'une sensibilité plus
profonde et d'un idéal plus vaste.

Victor Margueritte.

Sainte-Maxime-sur-Mer, 1926

PREMIÈRE PARTIE

LA JEUNESSE FOLLE
(1712-1737)

DES LEÇONS D'ISAAC ROUSSEAU ET DE « MA MIE »
JACQUELINE A LA FESSÉE DE MADEMOISELLE
LAMBERCIER.

De source française, en trois générations
absorbée par le sol suisse, Jean-Jacques naît
le 28 juin 1712. Point de mère : elle meurt
huit jours après l'avoir mis au monde.

Elle avait eu, avant Jean-Jacques, un autre
fils, François. Nom sans visage et qui devait, à dix-huit ans, soudain disparaître, en
ne laissant nulle trace... De demoiselle Suzanne Bernard, fille du ministre Bernard et
femme d'Isaac Rousseau, on sait seulement
qu'ayant du bien, et sage, elle fut, après la
naissance de ce premier enfant (François),
cinq ans abandonnée par son mari, parti en

foucade à Constantinople. Suzanne Bernard était jolie, spirituelle et grande amatrice de romans.

Quand au père Isaac, un Génevois ? Non. Un Français gauloisant. En vain s'est enfoncée en lui (elle réapparaîtra plus tard) l'empreinte archi-protestante de la famille. (Le quateraïeul, Didier, chassé de Paris par les guerres religieuses, était depuis 1555 bourgeois de Genève et le grand père, David, a été quartenier, — lisez juge de paix de son quartier).

Isaac Rousseau, homme léger et bon vivant, a beau, comme son propre père, exercer le méticuleux métier d'horloger, il est aussi un peu maître de danse. Muser, chasser, faire bonne chère, lire, — voilà la vie de notre veuf. Lire surtout ! Goût passionné dont, dès sept ans, il intoxiqua son fils. Des *Hommes illustres* de Plutarque et des *Métamorphoses* d'Ovide à Bossuet et à La Bruyère, en passant par *Cassandre* et *l'Astrée*, voilà le lait spirituel dont Jean-Jacques est nourri !

Ces deux influences contrastées : l'atavisme français et la formation genevoise, telle est, dès l'abord, la caractéristique de l'écrivain qui le plus influa sur les mœurs de son époque comme sur tout le magnifique siècle de Chateaubriand et d'Hugo. Rousseau est français, de par l'essence et l'élection du génie. Mais il est bien Genevois, de par la formation de sa petite enfance.

Il chérira la France, mais il aime profondément, même quand elle le reniera, cette Suisse qui première l'a fait bourgeois, protestant et républicain. C'est de Genève, a justement noté l'un de ses meilleurs biographes (A. Chuquet), qu'il tiendra « son amour-propre, son humeur défiante et sombre, son esprit de mécontentement et de contradiction... »

Revenons au père. Depuis la disparition de sa femme, à laquelle il garde un culte, Isaac Rousseau s'est pris de tendresse pour l'enfant qui est le portrait de la morte. Ce n'est point qu'il s'occupe, matériellement, de son fils. L'éducation des enfants en bas-âge est tout entière encore, à cette époque, dans les mains des femmes. Mains inexpertes, pour tout ce qui n'est pas le soin grossier du corps.

C'est donc une tante, Mme Gonceru, « ma mie Jacqueline », qui a charge de Jean-Jacques. Né débile, presque mourant, elle le laisse pousser en sauvageon. Nulle règle. Tout l'enseignement qu'elle lui donna, c'est le don musical. « Elle savait une quantité prodigieuse d'airs et de chansons, qu'elle chantait d'une voix fort douce. » Vient l'instant de l'atelier ; ce ne sont alors, du père, que leçons sans suite.

Ainsi Jean-Jacques grandit en liberté, pas méchant, bon même. Son plus noir méfait est alors « d'avoir pissé dans la marmite d'une de nos voisines, Mme Clot, tandis qu'elle était au prêche... » Il en riait encore quarante-cinq ans après, car « c'était bien la vieille la plus grognon » qu'il ait connue !

Près de lui se façonne, à l'établi paternel, ce François de sept ans plus âgé que lui, et auquel on le préfère. Si bien que le dédaigné prit « le train du libertinage, même avant l'âge d'être un vrai libertin. On le mit chez un autre maître, d'où il faisait ses escapades. »

Jean-Jacques ne le voyait presque point, mais ne laissait pas de l'aimer tendrement. Un jour, conte-t-il, que son père châtiait avec colère le garnement, il se jette impétueusement entre deux, l'embrassant étroitement. « Je le couvris ainsi de mon corps, recevant les coups qui lui étaient portés, et je m'obstinai si bien dans cette attitude qu'il fallut que mon père lui fit grâce, soit désarmé par mes cris et mes larmes, soit pour ne pas me maltraiter plus que lui... » Seul souvenir conservé par Jean-Jacques, de ce frère qui, peu après, acheva de tourner mal, s'enfuit en Allemagne, puis fit le définitif plongeon, laissant son cadet fils unique.

Complétant, à soixante-quatre ans, dans les *Rêveries d'un Promeneur solitaire*, les aveux de ses *Confessions* (où, s'il a « souvent dit le mal dans toute sa turpitude », il a « rarement dit le bien, dans tout ce qu'il eût d'aimable »), Jean-Jacques nous a, de sa bonté native, donné deux autres exemples qui font mieux que déceler un excellent naturel. Ils honorent un caractère.

Jugez :

« J'allais presque tous les dimanches passer la journée aux Pâques, chez M. Fazy, qui avait épousé une de mes tantes et qui avait là une fabrique d'indiennes. Un jour, j'étais à l'étendage dans la chambre de la calandre et j'en regardais les rouleaux de fonte : leur luisant flattait ma vue, je fus tenté d'y poser mes doigts et je les promenais avec plaisir sur le lissé du cylindre, quand le jeune Fazy, s'étant mis dans la roue, lui donna un quart de tour si adroitement qu'il n'y prit que le bout de mes deux plus longs doigts ; mais c'en fut assez pour qu'ils y fussent écrasés par le bout et que les deux ongles y restassent. Je fis un cri perçant, Fazy détourne à l'instant la roue, mais les ongles ne restèrent pas moins au cylindre et le sang ruisselait de mes doigts. Fazy consterné sort de la roue, m'embrasse et me conjure d'apaiser mes cris, ajoutant qu'il était perdu. Au fort de ma douleur, la sienne me toucha, je me tus, nous fûmes à la carpière, où il m'aida à laver mes doigts et à étancher mon sang avec de la mousse. Il me supplia avec larmes de ne point l'accuser, je le lui promis et le tins si bien que plus de vingt ans après, personne ne savait par quelle aventure j'avais deux de mes doigts cicatrisés ; car ils le sont demeurés toujours. Je fus détenu dans mon lit plus de trois semaines, et plus de deux mois hors d'état de me servir de ma main, disant toujours qu'une grosse pierre en tombant m'avait écrasé mes doigts. »

Autre histoire, toute semblable, mais à un âge plus avancé :

« Je jouais au mail à Plain-Palais avec un de mes camarades appelé Pline. Nous prîmes querelle au jeu, nous nous battîmes, et durant le combat il me donna sur la tête un coup de mail si bien appliqué que, d'une main plus forte, il m'eut fait sauter la cervelle. Je ne vis de ma vie une agitation pareille à celle de ce pauvre garçon voyant mon sang ruisseler dans mes cheveux. Il crut m'avoir tué ; il se précipite sur moi, m'embrasse, me serre étroitement en fondant en larmes et en poussant des cris perçants. Je l'embrassai aussi de toute ma force en pleurant contre lui dans une émotion confuse, qui n'était pas sans quelque douceur. Enfin il se mit en devoir d'étancher mon sang qui continuait de couler. Et voyant que nos deux mouchoirs n'y pouvaient suffire, il m'entraîna chez sa mère qui avait un petit jardin près de là. Cette bonne dame faillit se trouver mal en me voyant dans cet état. Mais elle sut conserver des forces pour me panser, et après avoir bien bassiné ma plaie elle y appliqua des fleurs de lys macérées dans l'eau de vie, vulnéraire très usité dans notre pays. Ses larmes et celles de son fils pénètrèrent mon cœur au point que longtemps je la regardai comme ma mère et son fils comme mon frère, jusqu'à ce qu'ayant perdu l'un et l'autre de vue, je les oubliai peu à peu. Je gardai le même secret sur cet accident que sur l'autre. et il m'en est arrivé cent de pareille nature en ma vie, dont je n'ai pas même tenté de parler dans mes *Confessions*, tant j'y cherchais peu l'art de faire valoir ce que je sentais de bien dans mon caractère. »

Ces deux mésaventures, où un courage évident s'unit à une bonne volonté si généreuse, est-ce là le fait d'un monstre tel que celui qu'on nous a voulu représenter ? Et n'est-ce pas plutôt, chez l'enfant, l'indice de ce que vaudra l'homme ?

Lorsque, dans un être, le pire au meilleur s'allie, et lorsque, comme ici, le pire est le fruit d'une éducation et le meilleur la fleur d'une volonté, l'indulgence n'est-elle pas de mise ? Jamais, plus que pour Jean-Jacques, un effort de compréhension n'a été nécessaire. Et jamais non plus l'analyse n'est, en fin de compte, mieux récompensée. Nul être duquel on puisse dire, avec autant de certitude, que ses incertitudes même inspirent plus humaine sympathie...

Nous sommes au temps où, en France, les soupers de la Régence préludent aux mornes débauches du Parc aux Cerfs. A Genève, le grand plaisir d'Isaac et de Jean-Jacques est, après dîner, de lire, — de lire toute la nuit ! Au petit jour, voyant les oiseaux voleter, le père dit au fils : « Gagnons notre lit. Je suis plus enfant que toi ! »... Tous les héros ont fait de la sorte leur entrée dans l'âme précoce, et puérile. Voilà le rêve désormais superposé, pour lui, à la réalité.

Jean-Jacques mène, tour à tour, des vies imaginaires, passe, au souffle de l'Histoire, d'un rôle à l'autre. « Sans cesse occupé de Rome et d'Athènes, né moi-même citoyen d'une République et fils d'un père dont l'amour de la patrie était la plus forte passion, je m'enflammais à son exemple... Je me croyais grec ou romain... Les traits qui m'avaient frappé me rendaient les yeux étincelants et la voix forte. Un jour que je racontais à table l'aventure de Scævola, on fut effrayé de me voir avancer et tenir la main sur un réchaud pour représenter son action... »

Une sensibilité maladive — faiblesse et violence — c'est, semble-t-il, le plus clair de ce que lui transmit ce père qui retrouvait, dans ses traits, le passé perdu, cette Suzanne qu'il avait durant cinq ans rayée de sa vie, et qui s'y réinstallait, souveraine. « Il croyait la revoir en moi, sans pouvoir oublier que je la lui avais ôtée. Jamais il ne m'embrassa que je ne sentisse à ses soupirs, à ses convulsions, à ses étreintes, qu'un regret amer se mêlait à ses caresses. Quand il me disait : « Jean-Jacques, parlons de ta mère, je lui disais : « Eh bien, mon père, nous allons donc pleurer ! »

1722. Jean-Jacques a dix ans. Isaac Rousseau s'est pris de querelle avec un capitaine Gautier, et, dégainant en pleine rue, l'a blessé d'un coup d'épée à la joue. Il fuit Genève, où on le condamne par contumace. L'horloger se retire à Nyon et s'y remarie.

Dès lors il ne sera plus qu'un parâtre, avare et grognon. Il est vrai que Jean-Jacques, les rênes sur le cou, aura lui-même quelque peu vagabondé sur la grand'route, voire les sentiers perdus de l'existence !

Le voilà, en attendant, sans véritable famille.

Le gamin, laissé à son oncle Bernard, est alors mis en pension, avec un cousin, chez le ministre Lambercier, à Bossey. Il n'a jusqu'ici guère eu, il n'aura jamais plus de foyer, jusqu'aux jours où, jeune, le recueillera Mme de Warens.

Jean-Jacques fut donc, on peut le dire, un enfant quasi-abandonné. L'éducation de sa petite enfance s'est faite sans discipline continue. Celle de son adolescence vaudra moins encore. Toute sa vie sera, de la sorte, sous le signe de l'Aventure, — de cette aventure dont le père lui a donné l'exemple et inculqué l'habitude.

Bossey ! C'est là que Rousseau prend son premier contact avec la nature. Coup de foudre de son principal amour ! « La campagne était pour moi si nouvelle que je ne pouvais me lasser d'en jouïr. » A cinquante-trois ans passés, quand il commence d'écrire les immortelles *Confessions*, il en ressent encore l'enivrement. Il revoit, dans leur netteté, les moindres détails : cette hirondelle qui entre par la fenêtre avec les branches du framboisier, cette mouche sur sa main, cette branche de saule qui prend racines... Il croit cultiver encore son petit jardin, ses herbes, ses fleurs, crier de joie, lorsque, grattant légèrement la terre, il découvre les germes des graines qu'il a semées...

Accents si vifs qu'ils demeurent aussi frais qu'au jour où, vivifiant le sec XVIII° siècle, ils enrichirent nos Lettres du frisson qui les parcourt encore.

C'est à Bossey aussi que s'implantent, au fond le plus obscur de la petite âme, cette passion et cette timidité des sens, qui, en insinuant en lui la volupté ainsi qu'un philtre honteux, déformeront, tout en l'exaltant, sa conception des faits et gestes de ce qu'on est convenu d'appeler l'Amour. C'est à Bossey qu'en Jean-Jacques le malade naît.

Ses historiens ont eu coutume, jusqu'ici, de jeter un voile sur le ridicule événement où sa sensualité s'éveilla. Jean-Jacques ne s'est pas tenu sur la même réserve. Il convient de citer, sans en rien taire, ces pages qui éclairent toute une psycho-physiologie.

Le pasteur Lambercier avait pour gouvernante sa sœur, vieille fille sans doute fort honorable, encore qu'il ait été suspecté d'avoir eu avec elle « diverses familiarités indécentes ». De quoi le Petit-Conseil de Genève, après enquête, l'innocenta aussi bien que Mlle Lambercier, « accusée d'avoir été grosse et accouché »...

Cette brave demoiselle — à laquelle on ne peut songer sans rire, comme tant d'années après faisait encore Rousseau, la revoyant, « par une malheureuse culbute au bas du pré, étaler son derrière tout en plein devant le roi de Sardaigne au passage, » — régentait, à la baguette, toute la maisonnée. Ayant pour les deux cousins « l'indulgence d'une mère », elle en avait aussi « l'autorité ».

On fouettait, à cette époque, les enfants, passé le temps où ces punitions, généralement, s'infligent. C'est ainsi qu'une fessée bien appliquée décida de l'avenir de Jean-Jacques, et des rapports du futur grand homme, avec les femmes. Que dis-je ? de l'orientation même, et du perfectionnement de son génie !

Il trouva, nous dit-il, l'exécution moins terrible à l'épreuve que la menace et l'attente ne l'avaient été. Et de souhaiter presque, à nouveau, ce châtiment qui lui avait fait trouver dans la douleur, dans la honte même, un mélange de plaisir qui lui avait laissé « plus de désir que de crainte de l'éprouver derechef par la même main... »

« L'occasion, naturellement, se retrouva, sans qu'il y eût de ma faute, c'est-à-dire de ma volonté, et j'en profitai, je puis dire, en sûreté de conscience... » Cependant, Mlle Lambercier s'étant « aperçue, à quelque signe, que la correction n'allait pas à son but », y renonça désormais, sous prétexte « qu'elle la fatiguait trop... » Jean-Jacques, jusque-là couché dans sa chambre et « même en hiver quelquefois dans son lit », fut du coup relégué dans une autre pièce, avec le cousin Bernard. Il était promu grand garçon.

On ne lira pas sans curiosité d'abord, sans de troublantes réflexions ensuite, l'aveu des réflexes qu'une telle découverte amena dans l'âme d'un enfant « de huit ans » dit-il — (il en avait, en réalité, onze) — jusqu'à les ancrer de telle sorte que l'homme mûr, le vieillard même en ressentiront encore l'effet.

Voilà bien, sans doute, la plus audacieuse analyse qu'ait jamais inspiré ce paradoxe : le bienfait de l'onanisme ! Mais, sous le paradoxe, voilà aussi que des vérités, étrangement nouvelles en médecine comme en philosophie, soudain étincellent, comme un reflet de gemme dans la gangue. De telles pages sont mieux, en effet, que la courageuse analyse d'une névrose. C'est, cent cinquante ans avant Freud, *toute la psychanalyse de la Sexualité !*

Ainsi *Les Confessions* ne sont pas seulement, comme on l'a dit, l'étalage d'un vice; elles ont cette double vertu : la recherche scientifique d'un mal et la trouvaille de son remède.

« Ce châtiment, explique Jean-Jacques, a décidé de mes goûts, de mes désirs, de mes passions, de moi pour le reste de ma vie ; et cela, précisément, dans le sens contraire à ce qui devait s'ensuivre naturellement. En même temps que mes sens furent allumés, mes désirs prirent si bien le change, que, bornés à ce que j'avais éprouvé, ils ne s'avisèrent point de chercher autre chose. Avec un sang brûlant de sensualité presque dès ma naissance, je me conservai pur de toute souillure jusqu'à l'âge où les tempéraments les plus froids et les plus tardifs se développent. Tourmenté longtemps, sans savoir de quoi, je dévorais d'un œil ardent les belles personnes ; *mon imagination me les rappelait sans cesse, uniquement pour les mettre en œuvre à ma mode, et en faire autant de demoiselles Lambercier.*

« Même après l'âge nubile, ce goût bizarre

toujours persistant, et porté jusqu'à la dépravation, jusqu'à la folie, m'a conservé les
mœurs honnêtes qu'il semblerait avoir dû
m'ôter. Si jamais éducation fut modeste et
sage, c'est assurément celle que j'ai reçue.
Mes trois tantes n'étaient pas seulement des
personnes d'une sagesse exemplaire, mais
d'une réserve que depuis longtemps les femmes ne connaissent plus. Mon père, homme
de plaisir, mais galant à la vieille mode, n'a
jamais tenu, près des femmes qu'il aimait le
plus, des propos dont une vierge eût pu
rougir, et jamais on n'a poussé plus loin que
dans ma famille et devant moi le respect
qu'on doit aux enfants. Je ne trouvai pas
moins d'attention chez M. Lambercier sur le
même article, et une fort bonne servante y fut
mise à la porte pour un mot un peu gaillard
qu'elle avait prononcé devant nous. Non seulement je n'eus jusqu'à mon adolescence aucune idée distincte de l'union des sexes ; mais
jamais cette idée confuse ne s'offrit à moi que
sous une image odieuse et dégoûtante. J'avais
pour les filles publiques une horreur qui ne
s'est jamais effacée ; je ne pouvais voir un débauché sans dédain, sans effroi même : car
mon aversion pour la débauche allait jusque-
là, depuis qu'allant un jour au Petit-Sacconex
par un chemin creux, je vis, des deux côtés, des

cavités dans la terre où l'on me dit que ces gens-là faisaient leurs accouplements. Ce que j'avais vu de ceux des chiennes me revenait toujours à l'esprit en pensant aux autres, et le cœur me soulevait à ce seul souvenir...

« Ces préjugés de l'éducation, propres par eux-mêmes à retarder les premières explosions d'un tempérament combustible, furent aidés, comme j'ai dit, par la diversion que firent sur moi les premières pointes de la sensualité. N'imaginant que ce que j'avais senti, malgré des effervescences de sang très incommodes, je ne savais porter mes désirs que vers l'espèce de volupté qui m'était connue, sans aller jamais jusqu'à celle qu'on m'avait rendue haïssable, et qui tenait de si près à l'autre, sans que j'en eusse le moindre soupçon. Dans mes sottes fantaisies, dans mes érotiques fureurs, dans les actes extravagants auxquels elles me portaient quelquefois, j'empruntais imaginairement le secours de l'autre sexe, sans penser jamais qu'il fût propre à nul autre usage qu'à celui que je brûlais d'en tirer.

« Non seulement donc c'est ainsi qu'avec un tempérament très ardent, très lascif, très précoce je passai toutefois l'âge de puberté sans désirer, sans connaître d'autres plaisirs des sens que ceux dont Mlle Lambercier m'avait très innocemment donné l'idée ; mais quand

enfin le progrès des ans m'eut fait homme,
c'est encore ainsi que ce qui devait me perdre
me conserva. Mon ancien goût d'enfant, au
lieu de s'évanouir, s'associa tellement à l'autre
que je ne pus jamais l'écarter des désirs allumés par mes sens ; et cette folie, jointe à ma
timidité naturelle, m'a toujours rendu très peu
entreprenant près des femmes, faute d'oser
tout dire ou de ne pouvoir tout faire, l'espèce de jouissance dont l'autre n'était pour
moi que le dernier terme, ne pouvant être
usurpée par celui qui la désire, ni devinée par
celle qui peut l'accorder. J'ai ainsi passé ma
vie à convoiter et me taire auprès des personnes que j'aimais le plus. N'osant jamais
déclarer mon goût, je l'amusais du moins par
des rapports qui m'en conservaient l'idée. Être
aux genoux d'une maîtresse impérieuse, obéir
à ses ordres, avoir des pardons à lui demander,
étaient pour moi de très douces jouissances ;
et plus ma vive imagination m'enflammait le
sang, plus j'avais l'air d'un amant transi. On
conçoit que cette manière de faire l'amour n'a-
mène pas des progrès bien rapides et n'est pas
fort dangereuse à la vertu de celles qui en sont
l'objet. J'ai donc fort peu possédé, mais je
n'ai pas laissé de jouir beaucoup à ma manière, c'est-à-dire par l'imagination. Voilà
comment mes sens, d'accord avec mon

humeur timide et mon esprit romanesque, m'ont conservé des sentiments purs et des mœurs honnêtes, par les mêmes goûts qui, peut-être avec un peu plus d'effronterie, m'auraient plongé dans les plus brutales voluptés.

« J'ai fait le premier pas, et le plus pénible, dans le labyrinthe obscur et fangeux de mes confessions. Ce n'est pas ce qui est criminel qui coûte le plus à dire, c'est ce qui est ridicule et honteux. Dès à présent je suis sûr de moi ; après ce que je viens d'oser dire, rien ne peut plus m'arrêter. On peut juger de ce qu'ont pu me coûter de semblables aveux sur ce que, dans le cours de ma vie, emporté quelquefois près de celles que j'aimais par les fureurs d'une passion qui m'ôtait la faculté de voir, d'entendre, hors de sens et saisi d'un tremblement convulsif dans tout mon corps, jamais je n'ai pu prendre sur moi de leur déclarer ma folie et d'implorer d'elles dans la plus intime familiarité la seule faveur qui manquait aux autres. Cela ne m'est jamais arrivé qu'une fois, dans l'enfance, avec une enfant de mon âge; encore fût-ce elle qui m'en fit la première proposition.

« En remontant de cette sorte aux premières traces de mon être sensible, je trouve des éléments qui semblant quelquefois incompatibles, n'ont pas laissé de s'unir pour produire avec force un effet uniforme et simple, et j'en trouve d'autres qui, les mêmes en apparence, ont formé, par le concours de diverses circonstances, de si différentes combinaisons, qu'on n'imaginerait jamais qu'elles eussent entre eux aucun rapport. *Qui croirait, par exemple, qu'un des ressorts les plus vigoureux de mon âme, fût trempé dans la même source d'où la luxure et la mollesse ont coulé dans mon sang ?* »

II

JEAN-JACQUES, PERSONNAGE FREUDIEN. — DE LA SEXUALITÉ INFANTILE AUX TENDANCES REFOULÉES ET DE LA *Libido* A LA SUBLIMATION. — ESCOBAR ET TARTUFE CONTRE JEAN-JACQUES.

Qu'ajouter à cette vivisection ?

Ceci :

Notre être physique conditionne notre être psychique, ce qui souvent n'empêche pas d'ailleurs l'âme, fonction du corps, de réagir, et dans une mesure souveraine, sur celui-ci. Ainsi, chaque homme porte en lui son dieu. Humble et magnifique puissance.

Souffrant depuis l'enfance d'un rétrécissement spasmodique de l'urètre, — d'où ses incontinences et ses rétentions, puis, plus tard, sa lithophobie, — Rousseau portera, dans sa formation mentale, l'empreinte de sa déformation urinaire.

Le mal dont il a si longtemps souffert, et dont il nous a détaillé les symptômes sans en connaître la cause, la science moderne, par la voix d'un de ses plus illustres psychiâtres, Paul Janet, nous en a donné le nom : *psychasténie*. Névrose congénitale, plus tard compliquée d'artério-sclérose, qui, — ajoute le docteur Cabanès dans une de ses intéressantes études sur Jean-Jacques, — a revêtu différentes formes, suivant son âge et les tendances correspondantes à chacune des périodes de son existence. « Purement urinaire dans sa jeunesse, elle est devenue génitale avec la puberté, plus tard lithophobique, et s'est terminée par des idées de persécution, quand sa vessie et les femmes ont cessé de l'intéresser. »

Explication qui paraîtrait suffisante si, depuis Janet, les fameuses leçons du docteur Siegmund Freud n'avaient été professées à Vienne et, par *l'Introduction à la Psychanalyse*, (1) n'avaient ouvert à la psychiâtrie l'immensité d'un champ nouveau.

A l'avant-garde des idées, toujours en marche, la science n'est-elle pas, par définition, celle qui fraye, illumine la voie, — l'Éclaireuse ? A travers la nuit humaine, où depuis des millénaires le progrès avance à

(1) 1 vol. traduit de l'allemand par le docteur S. Jankélévitch. Payot, éditeur.

tâtons, elle va de découverte en découverte. Rien ne prévaut contre elle, même pas l'amas de décombres sur lesquels elle progresse. Systèmes médicaux et philosophiques l'un sur l'autre entassés, retombés à l'ombre à mesure que le temps chemine et que le flambeau avance, perpétuellement réallumé !... Plus que jamais débordant de richesses inconnues, la caverne platonicienne n'a pas dit, ne dira jamais sans doute le dernier mot, tant que la planète Terre nourrira des hommes, « et qui pensent ».

Non, ce n'est pas une simple névrose évolutive qui permet d'expliquer le caractère et l'œuvre de Jean-Jacques, sa manie érotique aboutissant à un délire intermittent de la persécution. Exemple précurseur de la science et de la philosophie freudiennes, Rousseau est le type même de l'introverti, le plus frappant exemple des ravages que, dans un organisme débile, peut causer ce facteur primordial de la névrose psychique : la toxine sexuelle...

Qu'est-ce, en effet, que le passage célèbre que vous venez de lire, et qui, de la fessée de Mlle Lambercier, s'élève jusqu'à l'extraordinaire aveu des *Confessions*, sinon, avec une saisissante évidence, — de la sexualité infantile aux tendances refoulées et de la *libido* à la sublimation, — tout le processus freudien ?

Ici quelques mots explicatifs, pour ceux qui parlent de Freud comme ils ont parlé d'Epstein, c'est-à-dire seulement pour en avoir entendu parler...

La sexualité, voilà la base du système freudien. Elle joue, aux yeux du savant viennois, un rôle capital dans l'âme humaine en général et dans l'étiologie des maladies nerveuses en particulier. Quelle base physique a cet instinct, qui conditionne tant d'esprits ?

Freud a la modestie et l'honnêteté d'avouer qu'elle demeure encore mystérieuse. Pourtant il la croit voir dans le *métobolisme* des substances sexuelles, le trouble dû à leurs *transformations* chimiques, causes probables de la *libido*, — « soit que lesdites substances produisent plus de toxine que le sujet n'en puisse supporter, soit que certaines conditions internes, ou même psychiques, troublent l'utilisation adéquate de ces substances. »

Qu'est-ce maintenant que la psychanalyse ? Une simple méthode curative, un « ramonage psychique », grâce à quoi le médecin, par la volonté de sa persuasion, par une autosuggestion vigilante et prolongée, arrache le malade à ses manies perverses, le ramène, guéri, au grand jour de la conscience.

Pour Freud — médecin parti du pragmatisme pour se hausser à la doctrine philosophique, — l'âme humaine est, en effet, comme un souterrain au seuil duquel veille cette gardienne : la conscience régulatrice des pensées et des actes. Le souterrain psychique est lui-même divisé en deux compartiments : l'inconscient et le préconscient, caves noires dans lesquelles nos tendances se pressent, telles des êtres vivants. Résidus de l'atavisme aussi bien que de la vie individuelle : expériences, souvenirs, traces, sentiments, désirs, tout un grouillement informe et visqueux cherchant l'instant de renaître ou de se réaliser...

Mais, au seuil, la conscience monte la garde, les refoule. C'est alors que comprimées, mais non supprimées, ces tendances acquièrent, dans certains cas, tous les caractères de germes morbides, créent l'état pathologique.

Ne pouvant se manifester à cause de l'inévitable répression à laquelle, incompatibles avec les conventions de la vie sociale, elles s'exposeraient, elles trouvent alors des voies détournées, des apparences faites pour donner le change... *Symptômes* qui n'échappent pas au regard du psychanalyste, dès lors en situation de rendre *conscientes* au malade leur origine, leur cause, et, par conséquent de le guérir.

Remède parfois pire que le mal, a-t-on prétendu, en rappelant qu'il n'y a souvent pires fous que les médecins aliénistes !... De combien de railleries et de haines n'ont pas été l'objet Freud et la psychanalyse ! Il n'y eut pas assez de foudres contre celui qui fit entrer, dans la science, le processus psychique de l'inconscient. L'insolent n'allait-il pas jusqu'à prétendre que ce n'était pas seulement dans les maladies nerveuses et psychiques que les émotions sexuelles jouaient un rôle déterminant, mais qu'elles prenaient encore une importante part « aux créations de l'esprit humain, dans les domaines de la culture, de l'art et de la vie sociale ! »

Certes, je n'entends pas suivre Freud dans toutes ses déductions relatives à la sexualité infantile et, notamment, dans la théorie de *l'Œdipe complexe*, incestueux dès le sein de la mère ! Mais je suis d'accord avec lui quand il écrit :

« Nous croyons que la culture a été créée sous la poussée des nécessités vitales et aux dépens de la satisfaction des instincts et qu'elle est toujours recréée en grande partie de la même façon, chaque nouvel individu qui entre dans la société humaine renouvelant, au profit de l'ensemble, le sacrifice de ses instincts. Parmi les forces instinctives ainsi refoulées, les émotions sexuelles jouent un rôle considérable ; elles subissent une sublimation, c'est-à-dire qu'elles sont détournées de leur but sexuel

*et orientées vers des buts socialement supé-
rieurs et qui n'ont plus rien dû sexuel.*

*« Mais il s'agit là d'une organisation ins-
table ; les instincts sexuels sont mal domptés,
et chaque individu qui doit participer au travail culturel court le danger de voir ses instincts sexuels résister à ce refoulement. La société ne voit pas de plus grave menace à sa
culture que celle que présenteraient la libéra-
tion des instincts sexuels et leur retour à leurs
buts pritimifs.*

*« Aussi la société n'aime-t-elle pas qu'on lui
rappelle cette partie scabreuse des fondations
sur lesquelles elle repose ; elle n'a aucun intérêt à ce que la force des instincts sexuels soit
reconnue et l'importance de la vie sexuelle
révélée à chacun ; elle a plutôt adopté une méthode d'éducation qui consiste à détourner
l'attention de ce domaine. C'est pourquoi elle
ne supporte pas ce résultat de la psychanalyse
dont nous nous occupons : elle le flétrirait volontiers comme repoussant au point de vue
esthétique, comme condamnable au point de
vue moral, comme dangereux sous tous les
rapports. »*

Rousseau, — le Rousseau *des Confessions,*
visiblement atteint de sexualité infantile et
souffrant de tendances refoulées, — Rousseau
en proie à une *libido* qui a fini par prendre

conscience de ses *symptômes*, et qui, grâce au transfert de la sublimation, en triomphe, Rousseau enfin qui, premier des hommes peut-être depuis Adam, osa se montrer nu et, premier certainement des psychanalystes, réussit à surmonter son mal par l'extériorisation de la *Nouvelle Héloïse* et de l'*Émile* — Rousseau n'illustre-t-il pas, singulièrement, la conclusion de Freud ?

C'est pourquoi il est encore jugé par Escobar et Tartufe « comme repoussant au point de vue esthétique, condamnable au point de vue moral, dangereux enfin sous tous les rapports. » C'est tout juste si les cagots de son temps, qui se divertissaient en cachette aux *Tableaux des Mœurs du Temps*, ne l'ont point traité — déjà — de pornographe !

La sexualité de Jean-Jacques ! Voilà donc, non seulement, la cause des goûts morbides de son adolescence (masochisme, exhibitionisme) et celle de la manie tenace de son âge mûr (ces pollutions qui longtemps ruineront sa santé), — voilà encore l'explication de ses timidités et de son hypocondrie, de son humilité à base d'orgueil, de ses à-coups de faiblesse et d'exaltation morales...

Vie amoureuse et vie spirituelle, — toutes deux étroitement tissées de la même trame que nos songes, — sont chez Jean-Jacques fonction du même organisme anormal. Nature maladive et intelligence d'élite, ce pauvre grand homme, — malgré la brutalité, et la sincérité, de ses aveux, — refuse de se voir entièrement ce qu'il est, à cause de ce qu'il voudrait être, — de ce qu'il eût été peut-être, si une autre hygiène, une autre éducation...

Ainsi, — même (surtout, dirai-je !) si le génie est par définition une névrose, — quel, autant que celui de cet autodidacte, « le plus malheureux des mortels qui se sont cherchés en gémissant », mérite plus de pitié, d'admiration aussi et de reconnaissance pour son immense labeur, et cet infatigable élan vers tout ce qui l'élève au-dessus de lui-même, et de son temps ?

Réduit, par la délicatesse de l'âme autant que par la fureur et la pusillanimité de ses sens, à ne parvenir à la jouissance que par des plaisirs solitaires, il concentra en lui, au lieu de la disperser à la poursuite des personnes et à la recherche des sensations, une pensée dont la délectation morose brûla toujours plus sombrement, d'un feu intérieur. Ses écrits furent d'autant plus échauffés de cette passion de vertu, et d'une vertu qui au fond lui était naturelle, que ses pensées étaient plus troubles, et moins chastes.

C'est ainsi qu'il en vint à donner à l'amitié

le pas sur l'amour, et qu'amoureux impuissant avant d'être père dénaturé, il peut sans mentir se targuer de mœurs honnêtes.

De ce que le geste créateur ne lui apparût jamais dans sa beauté naturelle, mais comme une espèce de soulagement honteux, ou tout au moins de satisfaction incomplète, est-il plus blâmable que ces dilettanti, grands corrupteurs d'âmes et semeurs sournois d'enfants adultérins, qui, sous couleur de culte païen, s'adonnent à la soi-disant noble pratique de la Volupté ? Manteau littéraire le plus souvent jeté sur une autre forme d'égoïste ivresse, dont l'individualisme risque d'être, socialement, bien plus nocif que celui de Rousseau !

D'Alcibiade et de Sapho, en passant par Phryné, au Divin Marquis, il y a toute la marge de l'inversion, de la prostitution et du crime... Et qui sait, au demeurant, si les plus belles matériellement et les moins intellectuellement coûteuses des Fêtes Galantes ne sont pas, dans l'absolu, celles que se donnait, et sans dommage pour aucun autre que lui-même, l'imagination fiévreuse de Jean-Jacques !

Reste la mesure dans laquelle cette singulière habitude de l'amoureux put, dans l'esprit du père, contribuer au détachement, au desséchement de la fibre paternelle, à l'heure où — d'abord sans remords, et par seul sophisme de principes — il abandonnera, au sort du Tour, les cinq enfants de Thérèse... *Heure sur laquelle précisément pivotera toute sa vie*, et qui, du pèlerin léger qui meurt en quittant l'Hermitage, fit naître le pèlerin tourmenté de Motiers, de Wootton et de Monquin, l'anachorète de la rue Plâtrière, le Rousseau repentant dont désormais toute l'existence et toute l'œuvre, de l'*Emile* aux *Rêveries* et de « l'Isola bella » de Saint-Pierre à celle d'Ermenonville, ne sera qu'un *ex-voto* désespéré aux devoirs auxquels il manqua, — un hymne à la divinité Vertu, son suprême, son idéal Amour.

Quelle est maintenant, dans ces extraordinaires aveux des *Confessions*, la part d'humaine hypocrisie ? Quelle est la part de contrition sincère ? Je crois à la conviction profonde de Jean-Jacques. Hors ses enfants aux Enfants Trouvés, (et l'on y peut découvrir des excuses dans la morale du temps), ne s'est-il pas conduit, finalement, en Caton ? Et peut-on dès lors le dire, sans circonstances atténuantes, un scélérat ? Quant au reste, à sa manie solitaire qui est du secret domaine de l'Idée (je n'irai pas jusqu'à dire de l'Idée pure !) n'est-ce point propriété privée ?

Mais, en l'étalant aux yeux de tous, Rousseau fit sa vie publique !... Franchise (et non forfanterie) qui l'honore. D'ailleurs, *testis unus, testis nullus...* Les ennemis du philosophe, partisans qui haïssent en lui surtout le démocrate, devraient ici réfléchir, s'interroger, s'ils en étaient capables. Il faut essayer de comprendre, non de flétrir une perversion et des fautes que, *sans lui-même, nous n'eussions pas connues.*

Dégénéré supérieur, — diagnostique, en résumé, la Science... Il se peut, mais, en tout cas, dégénéré qui, bourreau de lui-même et de surcroît victime d'une femme indigne de lui, fut dans sa vie conjugale le plus doux, le plus dévoué des compagnons... Et quant au père dénaturé, songeons, finalement, à son admirable génération intellectuelle : les héros de la Révolution et les génies du Romantisme, deux siècles façonnés à l'image du *Contrat Social,* et de l'*Émile,* de *La Nouvelle Héloïse* et des *Confessions* !

Qui fait survivre Jean Racine ? Louis, ou *Phèdre* ? Quels sont les véritables fils de Corneille ou de Molière, sinon *Le Cid* et le *Misanthrope* ? Point de commune mesure entre l'homme qui transmet la chair périssable et celui qui allume les feux éternels de l'Esprit...

MADEMOISELLE DE VULSON ET MADEMOISELLE GOTON. — LA TRIBU. — ADIEU GENÈVE.

Une troisième fessée, — administrée celle-là de main de maître par l'oncle Bernard que les Lambercier avaient mandé, à la suite d'une peccadille dont on accusait à tort Jean-Jacques, — le guérit momentanément du goût que lui avaient donné les premières. En revanche, elle lui enseigna, pour le reste de sa vie, l'horreur véhémente de l'injustice. Il suffisait qu'il y repensât, durant la fin de son séjour à Bossey, pour que, se soulevant sur son lit, il hurlât de rage et d'indignation : « *Carnifex ! carnifex ! carnifex !* »

Répercussions inattendues... C'est de cette correction imméritée que date, chez l'enfant, l'un des plus profonds sentiments qui distingueront l'homme, ce cœur enflammé au spectacle ou au récit de toute action inique, quel qu'en soit l'objet et en quelque lieu qu'elle se commette. Mme de Sévigné souffrait, physiquement, des bobos de sa fille. Rousseau souffrira, « comme si l'effet en retombait sur lui », de tous les maux gratuits dont la violence accable l'humanité...

Du jour où il fit ainsi connaissance avec l'immérité, Bossey perdit pour lui tout son charme. Peu de temps après l'oncle Bernard le reprit à Genève, avec son cousin. En dépit de l'étude des *Éléments d'Euclide*, heureux mois d'oisiveté passés en camaraderie et en jeux !... « Nous faisions des cages, des flûtes, des volants, des tambours, des maisons, des arbalètes. » Aussi des montres, des lavis à grand dégât de couleurs, des marionnettes, et des comédies pour les marionnettes... Un certain Gamba-Corta, charlatan italien, leur en avait, avec son petit théâtre ambulant, inspiré le goût.

L'oncle, homme de plaisir à l'imitation de son frère Isaac, ne prenait des adolescents nul souci. Non plus la tante, dévote un peu piétiste, qui aimait mieux chanter les psaumes que veiller à l'enseignement.

Jean-Jacques, petit, mais preste, brunet aux yeux vifs, est le chef incontesté du cousinage.

L'ami Bernard a « une longue figure effilée, un petit visage de pomme cuite, un air mou, et la démarche nonchalante, qui le font moquer des enfants du lieu... Dans le patois du pays on lui donnait le surnom de *Barda Bredanna*... Il endurait cela plus tranquillement que moi. Je me fâchai. Je voulus me battre. C'était ce que les petits coquins demandaient. Je battis, je fus battu... Alors je devenais furieux... Cependant quoique j'attrapasse force horions, ce n'était pas à moi qu'on en voulait. C'était à *Barda Bredanna*... Me voilà déjà redresseur de torts. Pour être paladin dans les formes, il ne me manquait qu'une dame. J'en eus deux. J'allais de temps en temps voir mon père à Nyon, petite ville du pays de Vaud, où il s'était établi... Pendant le peu de temps que je passais près de lui, c'était à qui me fêterait. Une Mme de Vulson me faisait mille caresses, et pour y mettre le comble, sa fille me prit pour son galant. »

Il y avait aussi là une Mlle Goton, qui ne se tint pas en reste. Mlle de Vulson, — et Mlle Goton ! Le cœur, et la main.

Mais passons la plume au plus hardi comme au plus fin des narrateurs :

« Je connais deux sortes d'amours très distincts, très réels, et qui n'ont presque rien de commun, quoique très vifs l'un et l'autre, et tous deux différents de la tendre amitié. Tout le cours de ma vie s'est partagé entre ces deux amours de si diverses natures, et je les ai même éprouvés tous deux à la fois : car par exemple, au moment dont je parle, tandis que je m'emparais de Mlle de Vulson si publiquement, si tyranniquement que je ne pouvais souffrir qu'aucun homme n'approchât d'elle, j'avais avec une petite Mlle Goton des tête-à-tête assez courts mais assez vifs dans lesquels elle daignait faire la maîtresse d'école, et c'était tout : mais ce tout, qui en effet était tout pour moi, me paraissait le bonheur suprême, et sentant déjà le prix du mystère, quoique je n'en susse user qu'en enfant, je rendais à Mlle de Vulson, qui ne s'en doutait guère, le soin qu'elle prenait de m'employer à cacher d'autres amours. Mais à mon grand regret mon secret fut découvert ou moins bien gardé de la part de ma petite maîtresse d'école que de la mienne, car on ne tarda pas à nous séparer.

« C'était en vérité une singulière personne que cette petite Mlle Goton. Sans être belle, elle avait une figure difficile à oublier, et que je me rappelle encore souvent beaucoup trop pour un vieux fou. Ses yeux surtout n'étaient pas de son âge, ni sa taille, ni son maintien. Elle avait un petit air imposant et fier, très propre à son rôle, et qui en avait occasionné la première idée entre nous. Mais ce qu'elle avait de plus bizarre était un mélange d'audace et de réserve difficile à concevoir. Elle se permettait avec moi les plus grandes privautés, sans jamais m'en permettre aucune avec elle, elle me traitait exactement en enfant. Ce qui me fait croire, ou qu'elle avait déjà cessé de l'être, ou qu'au contraire elle l'était encore assez elle-même pour ne voir qu'un jeu dans le péril auquel elle s'exposait.

« J'étais tout entier, pour ainsi dire, à chacune de ces deux personnes, et si parfaitement qu'avec aucune des deux il ne m'arrivait de songer à l'autre. Mais du reste rien de semblable en ce qu'elles me faisaient éprouver. J'aurais passé ma vie entière avec Mlle de Vulson sans songer à la quitter ; mais en l'abordant ma joie était tranquille et n'allait pas à l'émotion. Je l'aimais surtout en grande compagnie : les plaisanteries, les agaceries, les jalousies même m'attachaient, m'intéressaient ; je triomphais avec orgueil de mes préférences, près des grands rivaux qu'elle paraissait maltraiter. J'étais tourmenté, mais j'aimais ce tourment. Les applaudissements, les encouragements, les rires m'échauffaient, m'animaient. J'avais des emportements, des saillies ; j'étais transporté d'amour dans un cercle.

Tête à tête j'aurais été contraint, froid, peut-être ennuyé. Cependant je m'intéressais tendrement à elle, je souffrais quand elle était malade : j'aurais donné ma santé pour rétablir la sienne, et notez que je savais très bien par expérience ce que c'était que maladie, et ce que c'était que santé. Absent d'elle j'y pensais, elle me manquait ; présent, ses caresses m'étaient douces au cœur non aux sens. J'étais impunément familier avec elle ; mon imagination ne me demandait que ce qu'elle m'accordait, cependant je n'aurais pu supporter de lui en voir faire autant à d'autres. Je l'aimais en frère, mais j'en étais jaloux en amant.

« Je l'eusse été de Mlle Goton en turc, en furieux, en tigre, si j'avais seulement imaginé qu'elle pût faire à un autre le même traitement qu'elle m'accordait ; car cela même était une grâce qu'il fallait demander à genoux. J'abordais Mlle de Vulson avec un plaisir très vif, mais sans trouble, au lieu qu'en voyant Mlle Goton, je ne voyais plus rien, tous mes sens étaient bouleversés. J'étais familier avec la première, sans avoir de familiarités ; au contraire j'étais aussi tremblant qu'agité devant la seconde, même au fort des plus grandes familiarités. Je crois que si j'avais resté trop longtemps avec elle je n'aurais pu vivre ; *les palpitations m'auraient étouffé*. Je craignais également de leur déplaire, mais j'étais plus complaisant pour l'une et plus obéissant pour l'autre. Pour rien au monde, je n'aurais voulu fâcher Mlle de Vulson, mais si Mlle Goton m'eût ordonné de me jeter dans les flammes, je crois qu'à l'instant j'aurais obéi.

« Mes amours ou plutôt mes rendez-vous avec celle-ci durèrent peu, très heureusement pour elle et pour moi. Quoique mes liaisons avec Mlle de Vulson n'eussent pas le même danger, elles ne laissèrent pas d'avoir aussi leur catastrophe, après avoir un peu plus long-temps duré. Les fins de tout cela devaient toujours avoir l'air un peu romanesque et donner prise aux exclamations. Quoique mon commerce avec Mlle de Vulson fût moins vif, il était plus attachant peut-être. Nos séparations ne se faisaient jamais sans larmes, et il est singulier dans quel vide accablant je me sentais plongé après l'avoir quittée. Je ne pouvais parler que d'elle, ni penser qu'à elle ; mes regrets étaient vrais et vifs : mais je crois qu'au fond ces héroïques regrets n'étaient pas tous pour elle, et que, sans que je m'en aperçusse, les amusements dont elle était le centre y avaient leur bonne part. Pour tempérer les douleurs de l'absence, nous nous écrivions des lettres d'un pathétique à faire fendre des rochers. Enfin j'eus la gloire qu'elle n'y put plus tenir et qu'elle vint me voir à Genève. Pour le coup la tête acheva de me tourner : je fus ivre et fou les deux jours qu'elle y resta. Quand elle partit, je voulais me jeter dans l'eau après elle, et je fis longtemps retentir l'air de mes cris. Huit jours après, elle m'envoya des bonbons et des gants ; ce qui m'eût paru fort galant, si je n'eusse appris en même temps qu'elle était mariée et que ce voyage dont il lui avait plu de me faire honneur, était pour acheter ses habits de noce. Je ne décrirai pas ma fureur ; elle se conçoit. Je jurai dans mon noble courroux de ne plus revoir la perfide, n'imaginant pas pour elle de plus terrible punition. Elle n'en mourut pas, cependant, car vingt ans après, étant allé voir mon père, et me promenant avec lui sur le lac, je demandai qui étaient ces dames que je voyais dans un bateau peu loin du nôtre. « Comment, me dit mon père en souriant, le cœur ne te le dit-il pas ? Ce sont tes anciennes amours, c'est Mme Cristin, c'est Mlle de Vulson. » Je tressaillis à ce nom presque oublié, mais je dis au batelier de changer de route, ne jugeant pas, quoique j'eusse assez beau jeu pour prendre alors ma revanche, que ce fût la peine d'être parjure, et de renouveler

une querelle de vingt ans avec une femme
de quarante. »

Ainsi, deux fois esclave, Rousseau est, dès
sa première aventure, le jouet d'une enfant
coquette et celui d'une enfant vicieuse. Berné
par l'une, fouetté par l'autre, et également
satisfait !... Il y a de ces prédestinations.

Pourtant, il faut songer à choisir une profession : l'oncle Bernard le fait entrer, malgré
sa répulsion, chez un greffier, le sieur Mas-
seron, d'où il est bientôt ignominieusement
renvoyé, comme « un âne ». Puis chez un
graveur, M. Ducommun « jeune homme
rustre et violent ». Adieu latin, histoire et ga-
lanteries ! Jean-Jacques n'est plus qu'un apprenti vite déclassé. « Jamais César si précoce
ne devint, dit-il, si promptement Laridon. »

Soudain « les goûts les plus vifs, la plus
basse polissonnerie ». Il cesse de voir son cousin Bernard, bourgeois « du haut ». Il tombe
aux bas quartiers de la ville. Il a seize ans, et
sans qu'on s'explique une telle dégringolade
autrement que par son caractère farouche et
compliqué, le voilà un chenapan maraudeur.

Il grave pour sa bande, transfigurée en ordre
de chevalerie, des médailles aux armes de Genève avec les métaux et les outils de son patron. Il lui rafle son papier à dessin, pille

dans le cellier les pommes dont on le prive au dessert, enfin s'acoquine avec un nommé Verrat, compagnon chez Ducommun, et vole pour lui des asperges dans le jardin de sa mère. On se paye, avec l'argent, de bons déjeuners.

Voici Jean-Jacques émule de notre François Villon ; il n'est pas comme celui-ci franc tireur de manteaux et coupeur de bourses ! Moins voleur que kleptomane. Mais enfin il fait sans remords main basse sur ce qui est à sa portée. Goût qu'il conservera jusqu'à la quarantaine, et que rien n'excuse, mais qu'explique peut-être sa condition d'orgueilleux en révolte, le sentiment d'une supériorité qui se venge, comme elle peut, de l'état d'infériorité où elle végète. Estimait-il, en volant, ne rentrer que dans son bien ? Toujours est-il que ce n'est pas l'argent, en soi, qui l'appâte. Il ne l'aime pas pour sa valeur intrinsèque, n'en apprendra que plus tard les diverses possibilités d'emploi. Maintenant il ne saurait qu'en faire, malgré qu'il aime, comme son père, et bonne table et bon vin.

« Jamais l'argent ne me parut une chose aussi précieuse qu'on la trouve, écrira-t-il plus tard. Bien plus, il ne m'a jamais paru fort commode. Il n'est bon à rien par lui-même ; il faut le transformer pour en jouir ; il faut acheter, marchander, souvent être dupe, bien payer, être mal servi... J'achète cher un œuf frais, il est vieux ; un beau fruit, il est vert ; une fille, elle est gâtée !... Que de peine avec mon argent ! Je la crains encore plus que je n'aime le bon vin...

« Mille fois durant mon apprentissage et depuis je suis sorti dans le dessein d'acheter quelques friandises. J'approche de la boutique d'un pâtissier ; j'aperçois des femmes au comptoir, je crois déjà les voir rire et se moquer entre elles du petit gourmand. Je passe devant une fruitière, je lorgne du coin de l'œil de belles poires, leur parfum me tente ; deux ou trois jeunes gens tout près de là me regardent, un homme qui me connaît est devant sa boutique, je vois de loin venir une fille ; n'est-ce point la servante de la maison ? Ma vue courte me fait mille illusions. Je prends tout ce qui passe pour des gens de ma connaissance ; partout je suis intimidé, retenu par quelque obstacle : mon désir croît avec ma honte, et je rentre enfin comme un sot, dévoré de convoitise, ayant dans ma poche de quoi la satisfaire, et n'ayant osé rien acheter. »

Une telle timidité, si morbide qu'elle fût, n'était chez lui que la forme la plus achevée de l'orgueil. L'orgueil, arme à deux tranchants !... Elle avait jusqu'ici élevé Jean-Jac-

·ques, elle le renverse. Brusque chute « de la sublimité de l'héroïsme à la bassesse d'un vaurien ».

Heureusement la lecture le guérit, au moins momentanément, de cette aberration.

Une loueuse de bouquins, la *Tribu*, femme « à tous égards très accommodante », nourrissait sa passion retrouvée. Bon ou mauvais il ne choisissait pas, absorbait le philtre avec une égale avidité... Cravates, chemises, hardes, et les trois sous d'étrennes de sa semaine, tout y passait. Ainsi, vivant dans un monde inexistant, qu'enveloppe cette atmosphère de drame qu'il aime déjà, qu'il créera plus tard sans cesse autour de lui, sa tête commence à s'altérer.

Taciturne, sauvage, c'est un « vrai loup garou », romançant à nouveau, pour lui-même, tout ce qu'il lit... C'est à cette époque qu'en lui le « solitaire » naît, et « cette disposition si misanthrope et si sombre en apparence, mais qui vient en effet d'un cœur trop affectueux, trop aimant, trop tendre, qui, faute d'en trouver d'existants qui lui ressemblent, est forcé de s'alimenter de fictions. »

Seul le dimanche, après le prêche, est jour d'évasion, avec les camarades. Alors il va de l'avant, sans songer au retour, et si loin que deux fois, le soir, il trouve les portes de la ville fermées. La troisième, redoutant un accueil plus rude encore de son patron, il se jette sur le glacis, de douleur « mord la terre »...

C'est fini ; quoi qu'il en coûte, il ne rentrera pas à Genève. Sa vie d'étudiant bon enfant, puis d'apprenti mauvais garçon, est terminée. Sa vie de vagabond commence.

Des parents attentifs, un maître meilleur, et sans doute Genève eût gardé, en Jean-Jacques, un bon citoyen de plus.

On mesure, à son œuvre, ce que le monde y eût perdu.

IV

PREMIÈRE RENCONTRE AVEC MADAME DE WARENS. — L'HOSPICE DU SPIRITO-SANTO. — MADAME BASILE.

Ira-t-il, à Nyon, chez son père ? L'idée ne l'effleura même pas. Il est libre, il n'a qu'à s'élancer pour s'élever « et voler dans les airs »... Il entre avec sécurité dans la joie, la gloire et l'univers. Son rêve ? Le château qu'il imagine. Il y sera « favori du Seigneur et de la dame, amant de la demoiselle, ami du frère, et protecteur des voisins. »

Cependant, d'abord hébergé chez des paysans de connaissance, il arrive, errant, jusqu'en Savoie, chez le curé de Coufignon. C'est un M. de Pontverre, grand diseur de rosaire, zélateur d'images et ennemi des ministres de Genève. Recruteur catholique, il voit, dans l'adolescent vaniteux et bavard, un servant de plus, et tôt le catéchise : — « Dieu vous appelle. Allez à Annecy, vous y trouverez une bonne dame bien charitable que les bienfaits du roi mettent en état de retirer d'autres âmes de l'erreur dont elle est sortie elle-même. »

C'était Mme de Warens.

Elle a joué, dans l'éducation spirituelle de Rousseau, puis dans son éducation amoureuse, et par conséquent dans son existence entière, ainsi d'avance façonnée, un rôle tel qu'il la faut, à sa première apparition, peindre en pied. Longtemps elle ne sera, pour Rousseau domestique, qu'une bienveillante maîtresse, avant de devenir, en même temps que la maîtresse tout court, la mère et l'amie... « Maman », comme, l'a baptisée, pour la postérité, ce fils équivoque. Doux nom où l'orphelin mettait, avec sa tendresse reconnaissante et sa câlinerie acagnardée, l'inconscient regret de celle qui, au berceau, lui avait manqué.

Qu'était, aux premiers mots dont la définit notre catéchumène, talonné par la faim, — cette femme qui, grâce à lui parée du souvenir prestigieux des Charmettes, a pris, pour la légende, figure de grande Amoureuse ?

« Une nouvelle convertie, que les prêtres for-
çaient en effet de partager avec la canaille qui
venait vendre sa foi (*sic*) une pension de deux
mille francs que lui donnait le Roi de Sardaigne. » Au vrai, une fort « bonne dame »
— (elle fut à coup sûr, toute sa vie, excellente
personne) — mais qui n'était pas moins
quelque peu aventurière, voire espionne.

Mme de Warens avait, sous sa féminine enveloppe, l'esprit d'un homme, et même d'un
homme d'affaires, quoi qu'elle n'en fît jamais
que de mauvaises, au point qu'elle mourra
dans une noire misère. Elle avait l'intelligence
ornée et le cœur tendre. Pourtant jamais elle
n'attacha, aux gestes de l'Amour, que l'importance qu'y attachaient les libertins d'alors,
c'est-à-dire nulle.

L'union des sexes ? C'est « l'acte le plus
indifférent en soi. » ... La fidélité conjugale ?
« une apparence obligatoire dont toute la moralité regardait l'opinion. » Simple maxime de
police sociale... Quant au plaisir, c'est pour
elle fonction sanitaire, quand ce n'est pas calcul. Et quant à la religion, il semble bien
que, de l'un des hauts esprits que jeune elle
rencontra, François Magny, apôtre du pié-
tisme, elle n'ait conservé nulle empreinte.

Protestante devenue catholique, elle l'est au
sens quiétiste : « On peut tout faire, à condi-

tion de croire en Dieu. » Lors de son adjura-
tion, elle ne sera « bourreaudée », elle n'aura
la « peau de poule » qu'en pensant à l'enfer.
Dieu de Calvin, ou Dieu de saint Pierre, a-
t-elle misé juste ?...

Françoise-Louise-Éléonore de la Tour, née
à Vevey dans le culte protestant, s'était en
1713 (Rousseau est né l'année d'avant) mariée
à un seigneur de Warens (prononcez Voiran).
Elle avait quatorze ans, et déjà l'esprit d'intrigue qui la devait ravager. Bientôt vinrent,
au gré des amants qui la formèrent, les goûts
les plus divers, de la médecine à l'alchimie.
Autant d'orientations, et de ratages d'existence où toujours elle se débattit, écrasée de
dettes. Avec cela bourse ouverte, et la proie
des charlatans...

En 1726, elle avait abandonné son mari, non
sans emporter nippes, argenterie et bijoux, et,
surtout, le plus dévoué des domestiques,
Claude Anet, jardinier, intendant, et... le
reste. C'était pour s'aller établir en Savoie,
après s'être jetée aux pieds d'un vieil évêque,
Mgr de Bernex, un jour qu'il recevait à Chambéry le Roi très catholique de Sardaigne. On
prétend qu'elle visait plus loin que Chambéry
et Bernex : Turin et Sa Majesté.

Toujours est-il qu'avare et soupçonneux,
le roi Victor-Amédée II la cantonna au dio-

cèse d'Annecy, sous la garde du pieux prélat, à charge de déterminer des conversions nouvelles et de servir, le cas échéant, sa politique.

A l'âge où le « Petit » (Jean-Jacques n'a que seize ans) vient se mettre sous sa protection, Mme de Warens en a près de vingt-neuf. Arthur Chuquet a crayonné le pastel du gauche adolescent : « Il avait la vue basse, de vilaines dents, une petite taille ; mais son joli pied, sa jambe bien faite, sa figure animée, sa bouche fine, ses sourcils nettement marqués, ses cheveux noirs, ses yeux ardents, enfoncés, qui lançaient des éclairs et révélaient ses sentiments expansifs et tendres, prévenaient en sa faveur. »

Voici, en regard, la « bonne dame » telle que la montre, à son clavecin, une estampe du temps, d'après le portrait aujourd'hui disparu, qui des tiroirs du conventionnel Hérault tomba à la Bibliothèque du Corps Législatif... Telle surtout que l'a fixée, pour les rêveurs de l'avenir, la gravure des *Confessions :* Une boulotte « au teint éblouissant, l'air caressant, un regard très doux, un sourire angélique. » Elle avait des yeux bleus, et, précise Rousseau, « une bouche à la mesure de la mienne, des cheveux cendrés dont le négligé rendait sa physionomie plus piquante et plus tendre encore, une gorge admirable, de très belles mains, une voix jolie et argentée... »

L'enfant, de Coufignon à Annecy, avait fait route en oiselet. S'arrêtant aux portes des châteaux, chantant sous les fenêtres, où nulle damoizelle ne se pencha... Le 21 mars 1728, matin de Pâques Fleuries il arrive comme la dame vient de partir à la messe, la rattrape dans le passage qui mène à l'église, l'appelle. Elle se retourne. Et Jean-Jacques sidéré — (il croyait voir une vieille dévote) — lui tend, avec la lettre de M. de Pontverre, un billet de son cru. Le temps qu'elle le lise, le voilà prosélyte, « sûr qu'une religion prêchée par de tels missionnaires ne pouvait mener qu'en paradis... »

Elle le regarda en souriant :

« — Eh ! mon enfant, vous voilà courant le pays bien jeune, c'est dommage en vérité... Allez chez moi m'attendre, dites qu'on vous donne à déjeuner ; après la messe j'irai causer avec vous. »

Ce que fut cette première causerie, on le devine, dès qu'on saura que l'apparition « angélique » avait amadoué le conteur au point que sa timidité, au premier regard envolée, avait fait place, d'élan subit, « au plus vif attachement et à une confiance parfaite. » Jean-Jacques conta avec feu ses aventures, ainsi qu'il le devait faire tant de fois par la suite à toutes ses belles connaissances... Mme de Warens l'écouta avec bonté.

Et c'est ici le vrai coup de foudre de Jean-Jacques : celui de l'Amitié, car en dépit de ses protestations passionnées, c'est le seul sentiment qu'il ait jamais éprouvé, profondément, auprès de Mme de Warens. Jamais, même lorsque plus tard elle fut devenue sa maîtresse en demeurant celle de Claude Anet ; même lorsqu'après la mort de ce bon serviteur il régna seul ; même, ensuite, au temps de Wintzenried et des Charmettes, il ne connut près d'elle la jalousie, pas plus que le plaisir, ces condiments de l'amour.

Deux jours après son arrivée à Annecy, on le mettait d'ailleurs en route pour Turin, où, à l'hospice du Spirito-Santo, les moines prépareront sa conversion. Il part fier comme Artaban, un ruban d'argent glacé à la garde de la petite épée dont lui a fait cadeau son cousin Bernard quand il a quitté Genève. Oncle et père font mine de courir après. Trop tard ! Avec un couple de bourgeois à qui on l'a remis, il franchit à pied les neiges des Alpes, suit à travers monts Annibal, l'âme emplie de ses jeunes désirs et d'un espoir enchanteur. La route piémontaise lui semble à leur image : « ... Dans les maisons des festins rustiques ; dans les prés de folâtres jeux, le long des eaux, des bassins, des promenades, la pêche ; sur les arbres, des fruits délicieux ; sous leur ombre, de voluptueux tête-à-tête ; sur les montagnes des cuves de lait et de crème, une oisiveté charmante, la paix, la simplicité, le plaisir d'aller sans savoir où... »

La porte à barreaux de fer de l'hospice fermée à double tour sur ses talons, il déchanta. Le voilà dans une pièce meublée d'un autel et de quelques chaises, avec « quatre ou cinq affreux bandits », ses futurs camarades d'instruction. Deux sont des esclavons « se disant juifs et maures, courant les couvents d'Espagne ou d'Italie, et s'y faisant baptiser partout où le profit en valait la peine. » Une autre porte de fer s'ouvre : entrent les cathécumènes filles. « C'était bien les plus grandes salopes et les plus vilaines coureuses qui aient jamais enpuanti le bercail du Seigneur. » Une seule, un peu plus âgée que lui, et dont les yeux fripons rencontraient quelquefois les siens, l'intéressa. Mais, dans les deux mois que son éducation catholique dura, il ne la put jamais accoster, veillée qu'elle était par leur vieille geôlière et obsédée par le saint missionnaire qui travaillait à sa conversion. Il fallait qu'elle fût extrêmement stupide, quoiqu'elle n'en eût pas l'air, car jamais son professeur ne la trouvait en état d'abjurer... Enfin, se jugeant suffisamment instruite, elle menaça du scandale, voulant sortir, chrétienne ou non. Ce qui lui mérita l'eau lustrale.

Jean-Jacques cependant ne se montrait pas bon disciple, ergotait, raisonnait. Le clergé, pour l'enfant genevois, restait « peint des plus noires couleurs ». Les formes du catholicisme: ombre d'une église de campagne, prêtre en surplis, sonnette du viatique, bien longtemps après lui donnaient encore « un frémissement de terreur », réfrigéraient son âme chrétienne. Les mœurs du lieu n'étaient point faites pour le rassurer. Un des Maures ayant voulu (écrit l'honnête Faguet) « l'associer à d'immondes plaisirs », un des administrateurs, mis au fait, le calma en lui disant qu'il n'y avait pas là de quoi ni s'étonner, ni se plaindre, et que c'était un usage généralement admis dans le monde. »

Cependant, happé par l'engrenage du dogme, il se laissait instruire, hâta même, pour en finir, une apparente conviction. Les Africains avaient été baptisés, « vêtus de blanc pour marquer la candeur de leur âme régénérée ». Vint son tour : il abjura, revêtu d'une robe grise à brandebourgs, uniforme de la cérémonie ; deux hommes portaient devant et derrière des bassins de cuivre sur lesquels ils frappaient avec une clef, et où les assistants déposaient une aumône, destinée à servir ensuite de pécule au converti.

Ces vingt francs tôt évanouis, sans parler d'une foi si peu sincère dans sa pratique qu'elle est le jour même reniée, — pourtant il ne rentrera que vingt et un ans après dans le giron protestant, — voilà tout ce que Jean-Jacques eût emporté du Spirito-Santo, et de Turin, si quelques mois plus tard la rencontre d'un bon prêtre, l'abbé Gaime, ébauchant déjà en lui cette profession de foi du Vicaire Savoyard qui, un jour, illuminera tout l'*Émile*, ne lui avait fait entrevoir l'éclat du déisme à travers les « noires couleurs » du clergé, et que le Spiritualisme en soi, l'Esprit et non la Lettre, est l'âme de toute religion...

Il n'en est encore, à cette heure, qu'à la joie de manger son aumône, tout en se montrant à la messe du Roi, où se fait entendre « la meilleure musique d'Europe ». La seule chose qui l'intéresse est de voir s'il n'y aurait point là quelque jeune princesse qui méritât son hommage, et avec laquelle il pût « faire un roman ». Manie des grandeurs qui toute sa vie l'obsédera, avant que ne le harcèle le délire de la persécution !...

Ce rêve ne l'empêche pas de se contenter d'une réalité qui pour être moins romanesque n'en avait pas moins son prix. En s'allant offrir de boutique en boutique pour graver un chiffre ou des armes sur la vaisselle, il tombe sur Mme Basile, jeune marchande de si bonne grâce et d'air si attirant que, malgré sa timidité près des dames, il n'hésite pas, conte à nouveau éloquemment sa petite histoire, plaît, revient, et pousse l'aventure...

« C'était une brune extrêmement piquante, mais dont le bon naturel peint sur son joli visage, rendait la vivacité touchante. Elle s'appelait Mme Basile. Son mari, plus âgé qu'elle et passablement jaloux, la laissait durant ses voyages sous la garde d'un commis trop maussade pour être séduisant, et qui ne laissait pas d'avoir des prétentions pour son compte qu'il ne montrait guère que par sa mauvaise humeur. Il en prit beaucoup contre moi, quoique j'aimasse à l'entendre jouer de la flûte dont il jouait assez bien. Ce nouvel Égiste grognait toujours quand il me voyait entrer chez sa dame : il me traitait avec un dédain qu'elle lui rendait bien. Il semblait même qu'elle se plût pour le tourmenter à me caresser en sa présence, et cette sorte de vengeance, quoique fort de mon goût, l'eût été bien plus dans le tête-à-tête. Mais elle ne la poussait pas jusquelà, ou du moins ce n'était pas de la même manière. Soit qu'elle me trouvât trop jeune, soit qu'elle ne sût point faire les avances, soit qu'elle voulût sérieusement être sage, elle avait alors une sorte de réserve qui n'était pas repoussante, mais qui m'intimidait sans que je susse pourquoi. Quoique je ne me sentisse pas pour elle ce respect aussi vrai que tendre que j'avais pour Mme de Warens, je me sentais plus de crainte et bien moins de familiarité. J'étais embarrassé, tremblant, je n'osais la regarder, je n'osais respirer auprès d'elle ; cependant je craignais plus que la mort de m'en éloigner. Je dévorais d'un œil avide tout ce que je pouvais regarder sans être aperçu ; les fleurs de sa robe, le bout de son joli pied, l'intervalle d'un bras ferme et blanc qui paraissait entre son gant et sa manchette, et celui qui se faisait quelquefois entre son tour de gorge et son mouchoir : chaque objet ajoutait à l'impression des autres. A force de regarder ce que je pouvais voir et même au delà, mes yeux se troublaient, ma poitrine s'oppressait, ma respiration d'instant en instant plus embarrassée me donnait beaucoup de peine à gouverner ; et tout ce que je pouvais faire était de filer sans bruit des soupirs fort incommodes dans le silence où nous étions assez souvent. Heureusement Mme Basile, occupée à son ouvrage, ne s'en apercevait pas à ce qu'il semblait. Cependant je voyais quelquefois par une sorte de sympathie son fichu se renfler assez fréquemment. Ce dangereux spectacle achevait de me perdre : et quand j'étais prêt à céder à mon transport, elle m'adressait quelques mots d'un ton tranquille qui me faisait rentrer en moi-même à l'instant.

« Je la vis plusieurs fois seule de cette manière, sans que jamais un mot, un geste, un regard même trop expressif marquât entre nous la moindre intelligence. Cet état très tourmentant pour moi, faisait cependant mes délices, et à peine dans la simplicité de mon cœur pouvais-je imaginer pourquoi j'étais si tourmenté. Il paraissait que ces petits tête-à-tête ne lui déplaisaient pas non plus ; du moins elle en rendait les occasions assez fréquentes ; soin bien gratuit assurément de sa part pour l'usage qu'elle en faisait, et qu'elle m'en laissait faire.

« Un jour qu'ennuyée des sots colloques du commis, elle avait monté dans sa chambre, je me hâtais dans l'arrière-boutique, où j'étais, d'achever ma petite tâche et je la suivis. Sa chambre était entr'ouverte ; j'y entrai sans être aperçu. Elle brodait près d'une fenêtre ayant en face le côté de la chambre opposé à la porte. Elle ne pouvait me voir entrer, ni m'entendre, à cause du bruit que des chariots faisaient dans la rue. Elle se mettait toujours bien : ce jour-là sa parure approchait de la coquetterie. Son attitude était gracieuse ; sa tête un peu baissée laissait voir la blancheur de son cou ; ses cheveux relevés avec élégance étaient ornés de fleurs. Il régnait dans toute sa figure un charme que j'eus le temps de considérer, et qui me mit hors de moi. Je me jetai à genoux à l'entrée de la chambre en tendant les bras vers elle d'un mouvement passionné, bien sûr qu'elle ne pouvait m'entendre, et ne pensant qu'elle pût me voir ; mais il y avait à la cheminée une glace qui me trahit. Je ne sais quel effet ce transport fit sur elle ; elle ne me regarda point, ne me parla point ; mais tournant à demi la tête, d'un simple mouvement de doigt elle me montra la natte à ses pieds. Tressaillir, pousser un cri, m'élancer à la place qu'elle m'avait marquée, ne fut pour moi qu'une même chose : mais ce qu'on aurait peine à croire est que dans cet état je n'osai rien entreprendre au delà ; ni dire un seul mot, ni lever les yeux sur elle, ni la toucher même dans une attitude aussi contrainte, pour m'appuyer un instant sur ses genoux. J'étais muet, immobile ; mais non pas tranquille assurément, tout marquait en moi l'agitation, la joie, la reconnaissance, les ardents désirs incertains dans leur objet, et contenus par la frayeur de déplaire sur laquelle mon jeune cœur ne pouvait se rassurer.

« Elle me paraissait ni plus tranquille ni moins timide que moi. Troublée de me voir là, interdite de m'y avoir attiré, et commençant à sentir toute la conséquence d'un signe parti sans doute avant la réflexion, elle ne m'accueillait, ni ne me repoussait, elle tâchait de faire comme si elle ne m'eût pas vu à ses pieds, mais toute ma bêtise ne m'empêchait pas de juger qu'elle partageait mon embarras, peut-être mes désirs, et qu'elle était retenue par une honte semblable à la mienne, sans que cela me donnât la force de la surmonter. Cinq ou six ans qu'elle avait de plus que moi, devaient, selon moi, mettre de son côté toute la hardiesse ; et je me disais que puisqu'elle ne faisait rien pour exciter la mienne elle ne voulait pas que j'en eusse. Même encore aujourd'hui je trouve que je pensais juste, et sûrement qu'elle avait trop d'esprit pour ne pas voir qu'un novice tel que moi avait besoin, non seulement d'être encouragé, mais d'être instruit.

« Je ne sais comment eût fini cette scène vive et muette, ni combien de temps j'aurais demeuré immobile dans cet état ridicule et délicieux, si nous n'eussions été interrompus. Au plus fort de mes agitations, j'entendis ouvrir la porte de la cuisine qui touchait la chambre où nous étions, et Mme Basile alarmée me dit vivement de la voix et du geste : Levez-vous, voici Rosina. En me levant en hâte, je saisis une main qu'elle me tendait, et j'y appliquai deux baisers brûlants, au second desquels je sentis cette charmante main se presser un peu contre mes lèvres. De mes jours je n'eus un si doux moment : mais l'occasion que j'avais perdue ne revint plus, et nos jeunes amours en restèrent là.

« C'est peut-être pour cela même que l'image de cette aimable femme est restée empreinte au fond de mon cœur en traits si charmants. Elle s'y est même embellie à mesure que j'ai mieux connu le monde et les femmes. Pour peu qu'elle eût eu d'expérience, elle s'y fût prise autrement pour animer un petit garçon : mais si son cœur était faible il était honnête ; elle cédait involontairement au penchant qui l'entraînait, c'était selon toute apparence sa première infidélité, et j'aurais peut-être eu plus à faire à vaincre sa honte, que la mienne. Sans en être venu là j'ai goûté près d'elle des douceurs inexprimables. Rien de tout ce que m'a fait sentir la possession des femmes ne vaut les deux minutes que j'ai passées à ses pieds sans même oser toucher à sa robe. »

A ce trait, reconnaissez le poète. C'est son désir, toujours insatisfait, cette âme jamais rassasiée qui élanceront sa vie, et l'œuvre entière, au-dessus du présent, vers ces régions où seule la Pensée plane et où la sienne jouera avec les Forces mystérieuses, qu'elle pénètre... Feu encore contenu, mais dont les invisibles étincelles allumeront un jour, en tombant en d'autres âmes, des incendies !... La fin du siècle en sera tout entière rougie, et d'un tel éclat que la lueur en éclaire encore, cent vingt-cinq ans passés, le tournant de l'avenir.

V

LAQUAIS A TURIN. — MADEMOISELLE DE BREIL.
— LE PREMIER SÉJOUR AUPRÈS DE MADAME DE
WARENS : « PETIT » ET « MAMAN ». — LE
SÉMINAIRE D'ANNECY. — M. LE MAISTRE ET
LA FUGUE A LYON. — MESDEMOISELLES DE
GALLEY ET DE GRAFFENRIED. — LA MERCERET.

Mis à la porte par M. Basile, Jean-Jacques
entra, petit laquais, chez une vieille comtesse.
C'est au service de Mme de Vercellis qu'il vola,
à une soubrette, le fameux ruban rose et argent et qu'il accusa du larcin la jeune cuisinière, Marion, aussitôt chassée.

« — Ah ! Rousseau, dit-elle seulement en
pleurant devant le calomniateur, je vous
croyais un bon caractère. Vous me rendez bien
malheureuse, mais je ne voudrais pas avoir
été à votre place... »

Le souvenir de cette pauvre fille jetée dehots à cause de lui, de son diabolique orgueil, devait le poursuivre, jusqu'à sa fin, d'un lancinant remords. Cette vilenie, plus surprenante encore que l'instinct de rapine, n'oublions pas cependant que c'est par son seul aveu que nous l'avons apprise, comme c'est par ses aveux seuls que nous saurons son autre grand remords, l'abandon de ses enfants. Petitesses et grandeur, c'est tout l'homme...

A la mort de Mme de Vercellis, succédèrent quelques semaines oisives, où son sang allumé lui remplit incessamment le cerveau de filles et de femmes... « Je les occupais bizarrement en idée à mes fantaisies ».

C'est l'époque où il va chercher des allées d'ombre, des réduits cachés d'où montrer de loin aux passantes l'état... de son âme. « Ce qu'elles voyaient n'était pas l'objet obscène, je n'y pensais même pas. C'était l'objet ridicule. Le sot plaisir que j'avais de l'étaler à leurs yeux ne se peut décrire. Il n'y avait de là plus qu'un pas à faire pour sentir le traitement désiré (*les fessées de Mlle Lambercier et de Mlle Goton*), et je ne doute pas que quelque résolue ne m'en eût, en passant, donné l'amusement, si j'avais eu l'audace d'attendre. »

Que n'eût-il donné, de son côté, pour retrouver, ne fût-ce qu'un quart d'heure, les violents émois de la sexualité infantile !... Mais la honte, compagne de la conscience du mal, était venue avec les années...

Heureusement qu'il trouve alors, pour le détourner de la pente au vice, auquel son oisiveté l'entraîne, ce bon abbé Gaime, qui l'endoctrine, et, en même temps, lui procure une place dans la maison du comte de Gouvon, écuyer de la reine.

Le voilà de nouveau laquais. Quoique vêtu aux couleurs de Sa Seigneurie, il ne porte point « l'habit de livrée, à aiguillette ». Mais il fait le valet de table. Il n'a d'yeux, dans son service, que pour une nièce de la maison, Mlle de Breil...

« C'était une jeune personne à peu près de mon âge, bien faite, assez belle, très blanche, avec des cheveux très noirs, et, quoique brune, portant sur son visage cet air de douceur des blondes, auquel mon cœur n'a jamais résisté. L'habit de cour, si favorable aux jeunes personnes, marquait sa jolie taille, dégageait sa poitrine et ses épaules, et rendait son teint encore plus éblouissant par le deuil qu'on portait alors. On dira que ce n'est pas à un domestique de s'apercevoir de ces choses-là ; j'avais tort sans doute, mais je m'en apercevais toutefois, et même je n'étais pas le seul. Le maître d'hôtel et les valets de chambre en parlaient quelquefois à l'office avec une grossièreté qui me faisait cruellement souffrir. La tête ne me tournait pourtant pas au point d'être amoureux tout de bon. Je ne m'oubliais point ; je me tenais à ma place, et mes désirs même ne s'émancipaient pas. J'aimais à voir Mlle de Breil, à lui entendre dire quelques mots qui marquaient de l'esprit, du sens, de l'honnêteté ; mon ambition bornée au plaisir de la servir n'allait point au delà de mes droits. A table j'étais attentif à chercher l'occasion de les faire valoir. Si son laquais quittait un moment sa chaise, à l'instant on m'y voyait établi : hors de là je me tenais vis-à-vis d'elle ; je cherchais dans ses yeux ce qu'elle allait demander, j'épiais le moment de changer son assiette. Que n'aurais-je point fait pour qu'elle daignât m'ordonner quelque chose, me regarder, me dire un seul mot : mais point ; j'avais la mortification d'être nul pour elle ; elle ne s'apercevait pas même que j'étais là. Cependant son frère qui m'adressait quelquefois la parole à table, m'ayant dit je ne sais quoi de peu obligeant, je lui fis une réponse si fine et si bien tournée, qu'elle y fit attention et jeta les yeux sur moi. Ce coup d'œil qui fut court ne laissa pas de me transporter. Le lendemain l'occasion se présenta d'en obtenir un second, et j'en profitai. On donnait ce jour-là un grand dîner, où pour la

première fois je vis avec beaucoup d'étonnement le maître d'hôtel servir l'épée au côté
et le chapeau sur la tête. Par hasard on vint
à parler de la devise de la maison de Solar,
qui était sur la tapisserie avec les armoiries :
Tel fiert qui ne tue pas. Comme les Piémon-
tais ne sont pas pour l'ordinaire consommés
dans la langue française, quelqu'un trouva
dans cette devise une faute d'orthographe, et
dit qu'au mot fiert il ne fallait point de t.

« Le vieux comte de Gouvon allait répondre
mais ayant jeté les yeux sur moi, il vit que je
souriais sans oser rien dire : il m'ordonna de
parler. Alors je dis que je ne croyais pas que
le t fut de trop ; que fiert était un vieux mot
français qui ne venait pas du nom *ferus*, fier,
menaçant ; mais du verbe *ferit*, il frappe, il
blesse. Qu'ainsi la devise ne me paraissait pas
dire, tel menace, mais tel frappe qui ne tue pas.

« Tout le monde me regardait et se regardait sans rien dire. On ne vit de la vie un pareil étonnement. Mais ce qui me flatta davantage fut de voir clairement sur le visage de
Mlle de Breil un air de satisfaction. Cette personne si dédaigneuse daigna me jeter un
second regard qui valait tout au moins le premier ; puis, tournant les yeux vers son grand-
papa, elle semblait attendre avec une sorte
d'impatience la louange qu'il me devait, et

qu'il me donna en effet si pleine et entière et d'un air si content, que toute la table s'empressa de faire chorus. Ce moment fut court, mais délicieux à tous égards. Ce fut un de ces moments trop rares qui replacent les choses dans leur ordre naturel, et vengent le mérite avili des outrages de la fortune. Quelques minutes après, Mlle de Breil, levant derechef les yeux sur moi, me pria d'un ton de voix aussi timide qu'affable de lui donner à boire. On juge que je ne la fis pas attendre : mais en approchant je fus saisi d'un tel tremblement qu'ayant trop rempli le verre, je répandis une partie de l'eau sur l'assiette et même sur elle. Son frère me demanda étourdiment pourquoi je tremblais si fort. Cette question ne servit pas à me rassurer, et Mlle de Breil rougit jusqu'au blanc des yeux. Ici finit le roman, où l'on remarquera, comme avec Mme Basile et dans toute la suite de ma vie, que je ne suis pas heureux dans la conclusion de mes amours. »

Remis à sa place, Jean-Jacques, — ayant été distingué ensuite par un des fils du comte, l'abbé de Gouvon, — n'en devint pas moins un des favoris de la maison. Il commençait à reprendre goût à l'étude et au latin, et sans doute fût-il parvenu, comme son ami l'abbé Gaime, à quelque place de précepteur, quand un jour un de ses compatriotes, ancien camarade d'apprentissage, un nommé Bâcle, le vint voir. L'en voilà toqué. Ce Bâcle était un garçon fort amusant, toujours plein de saillies bouffonnes. Il allait bientôt quitter Turin.

Qu'à cela ne tienne ! Jean-Jacques l'accompagnera. Il s'était engoué du luron au point de ne s'en plus pouvoir quotidiennement passer, tant que le comte de Gouvon, nécessairement, le congédia.

Les deux amis se mettent en route. C'était l'été de 1729. Toute la fortune que Jean-Jacques a retirée de son séjour dans la capitale des États du Roi de Sardaigne, c'est un cadeau du jeune Gouvon : une petite fontaine de Héron, appareil de physique formant jet d'eau, grâce à la compression. Elle doit leur servir à les faire bien vivre aux dépens des badauds, en quêtant aux places de village. Mais ils se lassèrent vite de la parade, à la répéter, et n'eurent plus grande joie que de voir leur amusette cassée. A Chambéry, Jean-Jacques devint pensif. Fin de l'école buissonnière !... A Annecy, Bâcle de tirer de son côté. Jean-Jacques est seul, avec le remords d'avoir quitté la bonne place et Turin, et la crainte d'apparaître, en chemineau, à sa bienfaitrice.

« Que le cœur me battait en approchant de

la maison de Mme de Warens ! Mes jambes tremblaient sous moi, mes yeux se couvraient d'un voile, je ne voyais rien, je n'entendais rien, je n'aurais reconnu personne, je fus forcé de m'arrêter plusieurs fois pour respirer et reprendre mes sens... »

A peine parut-il à ses yeux, que son air le rassura. « Je tressaille au premier son de sa voix, je me précipite à ses pieds, et dans les transports de la plus vive joie je colle ma bouche sur sa main. Pour elle j'ignore si elle avait eu de mes nouvelles, mais je vis peu de surprise sur son visage et je n'y vis aucun chagrin...

« — Pauvre petit, me dit-elle d'un air caressant, je savais bien que tu étais trop jeune pour ce voyage. Je suis bien aise au moins qu'il n'ait pas aussi mal tourné que je n'avais craint... »

« Ensuite elle me fit conter mon histoire qui ne fut pas longue et que je lui fis très fidèlement, en *supprimant cependant quelques articles*, mais au reste sans m'épargner ni m'excuser.

« Il fut question de mon gîte. Elle consulta sa femme de chambre. Je n'osai respirer durant cette délibération, mais quand j'entendis que je coucherais dans la maison, j'eus peine à me contenir et je vis porter mon petit paquet dans la chambre qui m'était destinée, à peu près comme *Saint-Preux* vit remiser sa chaise chez *Mme de Wolmar*... J'eus par surcroît le plaisir d'apprendre que cette faveur ne serait pas passagère, et dans un moment où on me croyait attentif à toute autre chose, j'entendis qu'elle disait : « On dira ce qu'on voudra, mais puisque la providence me le renvoie, je suis déterminée à ne pas l'abandonner. »

Le voilà donc établi, à demeure, chez sa belle protectrice.

On lui a donné la chambre de parade, qui donne sur le passage où pour la première fois il l'a rencontrée. Au delà du ruisseau et des jardins, on découvrait la campagne. Depuis Bossey, il n'avait plus eu « du vert » devant ses fenêtres. Charmant paysage qui lui semble mis là tout exprès par sa « patronne », et dont elle est l'âme. « Je la voyais partout entre les fleurs et la verdure, ses charmes et ceux du printemps se confondaient à mes yeux.

Certes il n'y avait pas chez Mme de Warens « la magnificence qu'on voyait à Turin : mais la propreté, la décence, et une abondance patriarcale... Peu de vaisselle d'argent, point de porcelaine, point de gibier dans sa cuisine, ni dans sa cave de vins étrangers ; mais l'une et l'autre étaient bien garnies au service de tout le monde, et dans les tasses de faïence elle donnait d'excellent café. Quiconque la venait voir était invité à dîner avec elle ou chez elle et jamais ouvrier, messager ou passant ne sortait sans manger et sans boire. Son domestique était composé d'une femme de chambre fribourgeoise, la Merceret, d'un valet de son pays dont il sera question par la suite, — (c'est le fameux Claude Anet) — d'une cuisinière et de deux porteurs de louage quand elle allait en visite, ce qu'elle faisait rarement. Voilà bien des choses pour deux mille livres de rente ; cependant son petit revenu bien ménagé eut pu suffire à tout cela dans un pays où la terre est très bonne et l'argent très rare. Malheureusement l'économie ne fut jamais sa vertu favorite ; elle s'endettait, elle payait ; l'argent faisait la navette et tout allait... »

Cohabitation où, sans être encore pour Mme de Warens autre chose qu'un orphelin à caser, Jean-Jacques contracte la douce habitude des sentiments affectueux que toute sa vie, en dépit même de l'abandon et l'apparent oubli, il lui portera. Témoin cette dernière page, si émouvante, des *Rêveries d'un Promeneur solitaire*, qu'une ligne de points suspensifs termine... Suprême pensée du génie moribond.

Mais nous n'en sommes encore qu'aux *Confessions*, et à l'étrange dissertation où Jean-Jacques dépeint, pour Mme de Warens, ses sentiments d'alors. N'oublions pas qu'il a dix-sept ans à peine... Il *n'aime pas*, et c'est tout juste, charnellement, s'il *désire* :

« Qui ne sent que l'amour, ne sent pas ce qu'il y a de plus doux dans la vie. Je connais un autre sentiment moins impétueux peut-être, mais plus délicieux mille fois, qui quelquefois est joint à l'amour, et qui souvent en est séparé. Ce sentiment n'est pas non plus l'amitié seule, il est plus voluptueux, plus tendre ; je n'imagine pas qu'il puisse agir pour quelqu'un du même sexe, du moins je fus ami si jamais homme le fut, et je ne l'éprouvai jamais près aucun de mes amis...

« Dès le premier jour la familiarité la plus douce s'établit entre nous au même degré où elle a continué tout le reste de sa vie. *Petit* fut mon nom, *Maman* fut le sien, et toujours nous demeurâmes *Petit* et *Maman*, même quand le nombre des années en eut presque effacé la différence entre nous. Je trouve que ces deux noms rendent à merveille la simplicité de nos manières. Elle fut pour moi la plus tendre des mères qui jamais ne chercha son plaisir, mais le mien, et si les sens entrèrent dans mon attachement pour elle, ce n'était pas pour en changer la nature, mais pour le rendre seulement plus exquis, pour m'enivrer du charme d'avoir une maman jeune et jolie qu'il m'était délicieux de caresser, je dis caresser au pied de la lettre, car jamais elle n'imagina de m'épargner les baisers ni les plus tendres caresses maternelles, et jamais il n'entra dans mon cœur d'en abuser. On dira que nous avons eu pourtant à la fin des relations d'une autre espèce, j'en conviens ; mais, il faut attendre, je ne puis tout dire à la fois... »

Pour l'instant l'orphelin n'en est encore qu'à la joie de trouver enfin une maman, à la « caresser » comme il n'a pu faire, poupon de la vraie ! Retour de la sexualité infantile ! Jean-Jacques, sevré de baisers maternels, baptise de la sorte ceux de Mme de Warens qui, peut-être, n'y voyait pas davantage malice. « Mes regards indiscrets, déclare-t-il, n'allaient jamais furetant sous son mouchoir, quoiqu'un embonpoint mal caché dans cette place eût bien pu les y attirer. Je n'avais ni transports, ni désirs auprès d'elle. *J'étais dans un calme ravissant, jouissant, sans savoir de quoi...*

Il va plus loin, affirme même : « Je ne sentais toute la force de mon attachement pour elle que quand je ne la voyais pas... quand je la voyais, je n'étais que content, mais mon inquiétude en son absence allait au point d'être douloureuse. Le besoin de vivre avec elle me donnait des élans d'attendrissement qui souvent allaient jusqu'aux larmes. Je me souviendrai toujours qu'un jour de grande fête, tandis qu'elle était à vêpres, j'allai me promener hors de la ville, le cœur plein de son image et du désir ardent de passer mes jours auprès d'elle. J'avais assez de sens pour voir que quant à présent cela n'était pas possible, et qu'un bonheur que je goûtais si bien serait court. Cela donnait à ma rêverie une tristesse qui pourtant n'avait rien de sombre et qu'un espoir flatteur tempérait. Le son des cloches qui m'a toujours singulièrement affecté, le chant des oiseaux, la beauté du jour, la douceur du paysage, les maisons champêtres dans lesquelles je plaçais en idée notre commune demeure, tout cela me frappait tellement d'une impression vive, tendre, triste et touchante que je me vis comme en extase dans cet heureux temps et dans cet heureux séjour, où mon cœur possédant *toute la félicité qui pouvait lui plaire*, la goûtait dans des ravissements inexprimables, sans songer même à la volupté des sens... Je ne me souviens pas de m'être élancé jamais dans l'avenir avec plus de force et d'illusion que je fis alors ; et ce qui m'a frappé le plus dans cette rêverie quand elle s'est réalisée, c'est d'avoir retrouvé des objets tels exactement que je les avais imaginés. Si jamais rêve d'un homme éveillé eut l'air d'une vision prophétique, ce fut assurément celle-là. Je n'ai été déçu que dans sa durée imaginaire ; car les jours et les ans et la vie entière s'y passaient dans une inaltérable tranquillité. Hélas ! mon plus constant bonheur fut en songe. Son accomplissement fut, presque à l'instant, celui du réveil. »

Insistons, en passant, sur la signification de cette *fantaisie* (au sens médical). Voilà le mystérieux chemin qui conduit à la perversion caractérisée. « Les productions les plus connues de la fantaisie, a noté Freud, sont les rêves éveillés, satisfactions imaginées, les désirs ambitieux, grandioses, érotiques, *satisfactions d'autant plus complètes, d'autant plus luxurieuses que la réalité commande davantage la modestie et la patience.* »

Ivresse et danger du rêve ! Voilà notre jeune névrosé sur la pente morbide, celle où l'imagination se superpose à la réalité, la déforme, et, finalement, l'avilit... Vient l'heure du contact matériel : le voile de feu se déchire. Il ne reste plus qu'un squelette glacé.

En attendant, Jean-Jacques en est aux quotidiennes délices de l'hallucination. « Je ne finirais pas, avoue-t-il, si j'entrais dans le détail de toutes les folies que le souvenir de cette chère Maman me faisait faire, quand je n'étais plus sous ses yeux. Combien de fois j'ai baisé mon lit en songeant qu'elle y avait touché, mes rideaux, tous les meubles de ma chambre en songeant qu'ils étaient à elle, que sa belle main les avait touchés, le plancher même sur lequel je me prosternais en songeant qu'elle y avait marché. »

Nous touchons ici à un véritable commencement de manie ! Inconsciente, mais nette atteinte de fétichisme. Un dernier trait : « Quelquefois même, en sa présence, il m'échappait des extravagances que le plus violent amour seul semblait pouvoir inspirer. Un jour, à table, au moment qu'elle avait mis un morceau dans sa bouche, je m'écrie que j'y vois un cheveu ; elle rejette le morceau sur son assiette, je m'en saisis avidement, et l'avale. En un mot, de moi à l'amant le plus passionné, il n'y avait qu'une différence unique, mais essentielle et qui rend mon état presque inconcevable à la raison. »

Inconcevable à la raison, certes, mais non aux raisons que, chez cet exalté à froid, la sexualité dévoyée n'explique que trop ! La névrose lentement fait son œuvre, le travail psychique dévide son engrenage : seule, ici, la tendance refoulée du désir secret, le besoin insatisfait de la flagellation peut être rendu responsable, et non Jean-Jacques, de cette *libido* involontaire.

« J'étais revenu d'Italie, non tout à fait comme j'y étais allé, mais comme peut-être jamais à mon âge on n'en est revenu. J'en avais rapporté non ma virginité, mais mon pucelage. J'avais senti le progrès des ans ; mon tempérament inquiet s'était enfin déclaré, et sa première éruption très involontaire (les allées sombres de Turin, et le geste fou !) m'avait donné sur ma santé des alarmes qui peignent mieux que tout autre chose l'innocence dans laquelle j'avais vécu jusqu'alors... Bientôt rassuré, j'appris ce dangereux supplément qui trompe la nature et sauve aux jeunes gens de mon humeur beaucoup de désordres aux dépens de leur santé, de leur vigueur, et quelquefois de leur vie. Ce vice que la honte et la timidité trouvent si commode a de plus un grand attrait pour les imaginations vives : *c'est de disposer pour ainsi dire à leur gré de tout le sexe, et de faire servir à leurs plaisirs la beauté qui les tente sans avoir besoin d'obtenir leur aveu.* Séduit par ce funeste avantage je travaillais à détruire la bonne constitution qu'avait rétablie en moi la nature et à qui j'avais donné le soin de se bien former. Qu'on ajoute à cette disposition le local de ma situation présente : logé chez une jolie femme, caressant son image dans le fond de mon cœur, la voyant sans cesse dans la journée, entouré d'objets qui me la rappellent, couché dans un lit où je sais qu'elle a couché ! Que de stimulants !... »

Et pourtant il n'aime point d'amour Mme de Warens en personne, pas plus au sens figuré qu'au sens propre. Il ne chérit, il ne veut posséder que son image. C'est celle-ci seule qu'il caresse, — notons l'euphémisme — « au fond de son cœur... » Qu'eut-ce été si au lieu d'être imaginaire, sa passion eut été réelle !... A quels excès ne se fut point portée sa *libido !* Mais non, c'est seulement parce que sa passion est imaginaire qu'elle est aussi vive. Un jour il tiendra pour de bon Maman consentante dans ses bras, la douce image, soudain, s'évanouira. Il ne restera plus qu'un corps sans âme, une conquête perdue, à l'instant même qu'enfin il l'étreindra !

N'est-ce pas ici le processus même de la névrose auto-érotique ? *Fixation* de la tendance sexuelle sur le souvenir le plus aigu de son enfance (la flagellation) et, par timidité, honte d'avouer sa préférence, *régression* constante du désir vers la sensation du plaisir passé...

Le « refoulement » apparaît dans toute son évidence : Du préconscient, où il s'est infiltré, l'instinct est remonté aux sources obscures de l'inconscient. La tendance libidineuse a cherché alors, par une voie détournée, un exutoire (l'onanisme manuel) : Nette formation du *symptôme !*... Les dix-sept ans de Rousseau sont encore impuissants à dominer, par le contrôle de sa conscience, la violence de son infirmité. Loin d'en rougir, nous voyons, au contraire, qu'il s'y complaît, et nous verrons que jusqu'au jour encore lointain où sa névrose « actuelle » se transformera en névrose hypocondriaque, c'est-à-dire jusqu'au jour où Mme de Warens et Sophie d'Houdetot se seront réincarnées dans la *Nouvelle Héloïse*, jusqu'au jour, en un mot, de la sublimation, — il sera la proie heureuse de sa *libido*, il s'y délectera, sans regrets et sans remords, l'idée de péché ne s'étant jamais associée en lui à la pratique de sa dépravation.

Quelques mois délicieux coulèrent de la sorte, nourris de lecture et par ailleurs occupés à diverses besognes domestiques : projets à rédiger, mémoires à mettre au net, recettes à transcrire en même temps qu'herbes à trier, drogues à piler, alambics à gouverner... Le tout en pestant et grommelant contre une foule de passants et de mendiants à recevoir :

« Il fallait entretenir tout à la fois un soldat, un apothicaire, un chanoine, une belle dame, un frère lai... »

Cependant, sans se douter des ravages que sa tendresse naturelle et son charme exerçaient, prolongeaient en sous-main chez *Petit*, Maman, qui tout ce temps l'avait observé, regardé vivre sans pourtant le bien voir, — (erreur fréquente vis-à-vis de certains êtres que quotidiennement on coudoie, sans jamais les connaître !) — Maman avait abouti à cette conclusion : « Jean-Jacques est fait pour être prêtre ! » C'est aussi l'avis d'un M. d'Aubonne, probable amant de Mme de Warens, à cette époque...

Jean-Jacques, bon gré mal gré, commencera donc par être séminariste. Adieu la chambre au paysage de fleurs et de verdure ! Adieu, le doux voisinage !... Le voilà, à la fin de l'année, nanti d'une bourse par le bon évêque, Mgr de Bernex, et élève au séminaire d'Annecy. Il a beau y emporter un livre de musique, dont il est féru, il ne s'y plaît pas mieux qu'au Spirito-Santo.

Son professeur a, sous un crasseux bonnet carré, « des cheveux plats, gras et noirs, un visage de pain d'épice, une voix de buffle, un regard de chat-huant, des crins de sanglier au lieu de barbe. » Et avec cela ? « Un sourire sardonique et des membres jouant comme les poulies d'un mannequin !.. » Il est vrai que Rousseau rencontra là, élève comme lui, un M. Gâtier aux yeux doux, tendres et tristes, qui lui donna des leçons comparables à celles de l'abbé Gaime...

Bon prêtre selon la loi non écrite, celle qui se prêche « sur la montagne » mais que le dogme condamne, l'abbé Gâtier, quelques années plus tard, vicaire dans une paroisse, fut chassé de l'Eglise pour avoir fait un enfant à une fille dont il était amoureux... « Les prêtres, en bonne règle, — observent à ce propos les *Confessions*, — ne doivent faire des enfants qu'à des femmes mariées. » M. Gâtier fut mis en prison, avant d'être interdit, « pour avoir manqué à cette loi de convenances... » C'est de M. Gâtier autant que de M. Gaime, c'est de ces deux « dignes prêtres » que Rousseau se souviendra dans l'*Émile* quand, du haut *del Monte*, il fera parler le Vicaire Savoyard.

Faut-il s'étonner qu'évêque et supérieur aient bientôt rendu son protégé à Mme de Warens « comme un sujet qui n'était même pas bon pour être prêtre ! »

Si l'on en faisait un musicien ?... Il passe aux mains de M. Le Maistre, compositeur qui tient l'orgue de la cathédrale, et que Mme de

Warens appelle « Mon petit chat ». Homme excellent, mais ivrogne.

Jean-Jacques réussissait à l'orchestre de la tribune, malgré qu'il se fût alors entiché d'un cerveau brûlé, appelé Venture de Villeneuve, avec lequel il recommence ses frasques, quand, d'aventure, M. Le Maistre s'étant querellé avec le premier chantre plante un beau soir tout là.

Mme de Warens, méditant elle-même dès cette époque un long déplacement, facilita, la nuit même, le brusque départ de « son petit chat » pour Lyon, non sans lui avoir attaché Jean-Jacques. Mais, à peine au terme du voyage, M. Le Maistre fut malencontreusement pris, dans une rue, d'une crise d'épilepsie. Que fait son compagnon, son élève ? Il appelle au secours, nomme l'auberge où reconduire le malheureux et, sans plus s'en soucier, prend la poudre d'escampette, puis, d'un bon pas, file sur Annecy où l'attend, avec le gîte quitté à regret, ce diable de Venture...

Les remords ne vinrent qu'après, en trouvant la maison vide. Mme de Warens, suivie de l'inséparable Claude Anet, était avec son M. d'Aubonne partie à Paris. Service de l'Evêque, à moins que ce ne fût Service du Roi en même temps qu'intrigue avec son « associé » : une entreprise armée sur le pays de Vaud, dont le conspirateur avait formé le plan... Toujours est-il que Jean-Jacques se consola en retrouvant son Venture et en partageant avec lui une existence désordonnée.

C'est le temps des aventures qui recommence, aussi le temps des visites musicales et littéraires au Juge-Mage Simon, ce singulier petit homme doué d'une voix de basse alternant avec une foix de fausset, haut comme une sauterelle, et que sa grande perruque de pied en cape habillait... Il donnait volontiers ses audiences au lit, dressant sur l'oreiller une tête assez belle, et qui en imposait... On se rappelle l'anecdote, si joliment contée :

« Un matin qu'il attendait dans ce lit, ou plutôt sur ce lit, les plaideurs, en belle coiffe de nuit bien fine et bien blanche, ornée de deux grosses bouffettes de ruban couleur de rose, un paysan arrive, heurte à la porte. La servante était sortie. M. le Juge-Mage entendant redoubler cria : « Entrez ! » et cela, comme dit un peu trop fort, partit de sa voix aiguë. L'homme entre, il cherche d'où vient cette voix de femme et voyant dans ce lit une cornette, une fontange, il veut ressortir en faisant à madame de grandes excuses. M. Simon se fâche et n'en crie que plus clair. Le paysan, confirmé dans son idée et se croyant insulté, lui chante pouille, lui dit qu'apparemment elle n'est qu'une coureuse, et que M. le Juge-Mage ne donne guère le bon exemple chez lui. Le Juge-Mage furieux, et n'ayant pour toute arme que son pot de chambre, allait le jeter à la tête de ce pauvre homme, quand la gouvernante arriva. »

Au demeurant, la cervelle bourrée de tous les petits traits des *ana*, il contait « avec intérêt, mystère, et comme s'étant passées la veille, des historiettes vieilles de soixante ans, ce qui lui donnait grand crédit près des dames, qui le traînaient à leur suite comme un sapajou. Galant ridicule pour qui la dernière faveur, disait l'une d'elles, « était de baiser une femme au genou... »

Telle est, avec le fameux Venture, la compagnie masculine de Jean-Jacques. Le reste du temps, il va voir la Merceret, demeurée dans l'appartement de Mme de Warens, la Merceret et ses amies, qui toutes fort galamment l'accueillent. Principalement une Mlle Giraud, « au museau sec et noir barbouillé de tabac d'Espagne »... Et puis des couturières, des filles de chambre, de petites marchandes...

Mais, si fructueuse que soit, entre toutes, l' « amitié » de la Merceret — « non pas jolie, mais assez aimable », — ce n'est point là son goût. Il n'aimait que « demoiselles ». Enfin il en rencontre deux, à la naissance d'un beau jour d'été, où il bat la campagne.

Ce sont Mlles de Galley et de Graffenried, qu'il connaît par Mme de Warens. Les deux jeunes amies, qui sont presque aussi jolies l'une que l'autre, s'en vont déjeuner au château de Toune, qui appartient à Mme de Galley. Elles sont à cheval, arrêtées devant un ruisseau, que leurs montures ne veulent point passer. Rousseau prend par la bride une des bêtes récalcitrantes, salue, et va s'éloigner, comme un benêt :

— « Non pas ! non pas ! dit Mlle de Galley. Vous vous êtes mouillé pour notre service... nous devons en conscience avoir soin de vous sécher. Il faut s'il vous plaît venir avec nous. Nous vous arrêtons prisonnier. »

Rousseau, le cœur battant, objecte qu'il n'a pas l'honneur d'être connu de Mme de Galley. N'importe ! En croupe derrière Mlle de Graffenried ! On l'enlève... Il ne se le fait pas dire deux fois, s'élance à cheval et, tremblant de joie, embrasse la jeune Bernoise pour se tenir. Le cœur lui battait si fort qu'elle s'en aperçut et lui confia « que le sien, par frayeur de tomber, ne lui battait pas moins... C'était presque, dans ma posture, une invitation de vérifier la chose. »

Il n'osa, s'en tenant à serrer la ceinture,

étroitement il est vrai. Et il ajoute, ce qui ne
donne guère bonne opinion des femmes de son
temps, ni de celle qu'il avait d'elles : « Toute
femme qui lira ceci me souffletterait volontiers, et n'aurait pas tort ! » Tous ceux, en tout
cas, qui liront ce qui suit ne manqueront pas
d'y prendre plaisir :

« Arrivés à Toune, et moi bien séché, nous
déjeunâmes. Ensuite il fallut procéder à l'importante affaire de préparer le dîner. Les deux
demoiselles, tout en cuisinant, baisaient de
temps en temps les enfants de la grangère, et
le pauvre marmiton regardait faire en ron-
geant son frein. On avait envoyé des provisions
de la ville, et il y avait de quoi faire un très
bon dîner, surtout en friandises ; mais malheureusement on'avait oublié du vin. Cet oubli n'était pas étonnant pour des filles qui ne
buvaient guère ; mais j'en fus fâché, car j'a-
vais un peu compté sur ce secours pour m'en-
hardir. Elles en furent fâchées aussi, par la
même raison peut-être, mais je n'en crois
rien. Leur gaieté vive et charmante était l'innocence même, et d'ailleurs qu'eussent-elles
fait de moi entre elles deux ? Elles envoyèrent
chercher du vin partout aux environs ; on
n'en trouva point, tant les paysans de ce canton sont sobres et pauvres. Comme elles m'en
marquaient leur chagrin, je leur dis de n'en

pas être si fort en peine, et qu'elles n'avaient pas besoin de vin pour m'enivrer. Ce fut la seule galanterie que j'osai leur dire de la journée ; mais je crois que les friponnes voyaient du reste que cette galanterie était une vérité.

« Nous dînâmes dans la cuisine de la grangère, les deux amies assises sur des bancs aux deux côtés de la longue table, et leur hôte entre elles deux sur une escabelle à trois pieds. Quel dîner ! quel souvenir plein de charmes ! Comment, pouvant à si peu de frais goûter des plaisirs si purs et si vrais, vouloir en rechercher d'autres ? Jamais souper des petites maisons de Paris n'approcha de ce repas, je ne dis pas seulement pour la gaieté, pour la joie douce ; mais je dis pour la sensualité.

« Après le dîner, nous fîmes une économie, au lieu de prendre le café qui nous restait du déjeuner, nous le gardâmes pour le goûter avec de la crème et des gâteaux qu'elles avaient apportés : et pour tenir notre appétit en haleine, nous allâmes dans le verger achever notre dessert avec des cerises. Je montai sur l'arbre et je leur en jetai des bouquets dont elles me rendaient les noyaux à travers les branches. Une fois Mlle de Galley, avançant son tablier et reculant la tête, se présentait si bien, et je visai si juste, que je lui fis tomber

un bouquet dans le sein ; et de rire. Je me
disais en moi-même : Que mes lèvres ne sont-
elles des cerises ! comme je les leur jetterais
ainsi de bon cœur !

« La journée se passa de cette sorte à folâ-
trer avec la plus grande liberté, et toujours
avec la plus grande décence. Pas un seul mot
équivoque, pas une seule plaisanterie hasar-
dée ; et cette décence nous ne nous l'impo-
sions point du tout, elle venait toute seule,
nous prenions le ton que nous donnaient nos
cœurs. Enfin ma modestie, d'autres diront
ma sottise, fut telle que la plus grande pri-
vauté qui m'échappa fut de baiser une fois
la main de Mlle de Galley. Il est vrai que la circonstance donnait du prix à cette légère fa-
veur. Nous étions seuls, je respirais avec embarras, elle avait les yeux baissés. Ma bouche,
au lieu de trouver des paroles, s'avisa de se
coller sur sa main qu'elle retira doucement
après qu'elle fut baisée, en me regardant d'un
air qui n'était point irrité. Je ne sais ce que
j'aurais pu lui dire : son amie entra, et me
parut laide en ce moment.

« Enfin elles se souvinrent qu'il ne fallait
pas attendre la nuit pour rentrer en ville. Il
ne nous restait que le temps qu'il fallait pour
arriver de jour, et nous nous hâtâmes de partir en nous distribuant comme nous étions ve-

nus. Si j'avais osé, j'aurais transposé cet ordre ; car le regard de Mlle de Galley m'avait vivement ému le cœur ; mais je n'osai rien dire, et ce n'était pas à elle de le proposer. En marchant nous disions que la journée avait tort de finir ; mais loin de nous plaindre qu'elle eût été courte, nous trouvâmes que nous avions le secret de la faire longue par tous les amusements dont nous avions su la remplir. Je les quittai à peu près au même endroit où elles m'avaient pris. Avec quel regret nous nous séparâmes ! »

La fleurette, on ne disait pas encore le *flirt*, finit là, malgré quelque essai de correspondance. Cependant la Merceret, ne recevant de sa maîtresse nulle nouvelle, décida peu après de s'en retourner à Fribourg et proposa au galant timide, dont la réserve l'agaçait, de l'escorter.

Ils partirent à pied, elle subvenant aux dépenses (où plutôt continuant d'y subvenir) y compris tous les autres frais : mais vainement elle l'aguichait, imitant ses tons, ses accents, redisant ses paroles, l'obligeant, sous prétexte d'avoir peur, à coucher dans sa chambre...

Rien n'y fit, prétend notre singulier coquebin, si bien qu'après avoir traversé Genève (où il manqua s'évanouir d'émotion aux souvenirs retrouvés) et enfin Nyon, où son père et sa belle-mère n'insistèrent pas pour le garder à souper, les voyageurs se quittèrent froidement, dès l'arrivée à Fribourg.

Rousseau est de nouveau seul, sans un sol, au seuil mystérieux de l'Inconnu. Il n'a que dix-huit ans, et nul pressentiment encore du Destin qu'il porte, enfoui au plus secret de son âme vagabonde.

VI

DE FRIBOURG A NEUCHATEL : MISÈRE, MUSIQUE
ET CHARIVARI. — L'ARCHIMANDRITE. — A
PARIS CHEZ LE COLONEL SUISSE. — SUR LES
ROUTES. — RETOUR AU BERCAIL ET BONHEUR
DOMESTIQUE.

Il va devant lui, vrai Zanetto, *Passant* de
son rêve...

Quand il arrive à Lausanne, il doit sept
« batz » à son dernier cabaretier. Que faire ?
Ecrire à son père, en lui redemandant quelques hardes laissées au passage ? Le paquet
vint, et seulement de bonnes paroles. En souvenir de son ami Venture de Villeneuve alors
Jean-Jacques retourne son nom, il s'appellera
Vaussore (Rousseau) de Villeneuve, soi-disant
professeur de musique...

Il en sait encore si peu qu'une de ses élèves

déchiffre pour lui l'air qu'il lui prétend apprendre, et que son premier concert s'achève en charivari. C'est le ridicule, et la misère.

Il n'est guère plus heureux à Neuchatel. En vain récrit-il à son père qui l'a sommé de redevenir calviniste... Isaac Rousseau resta sourd. D'autre part Mlle de Graffenried, avec qui il était resté en correspondance, s'était chargée, sans guère plus de résultat, d'attendrir la marraine catholique. Mme de Warens poursuit pour l'instant des buts plus importants.

Redevenu Rousseau, mais pas plus riche pour cela, Jean-Jacques donne, en ces mauvais jours, moins de leçons qu'il ne fait, aux alentours, de promenades errantes. C'est au cours de l'une d'elles qu'il rencontre, dans un cabaret d'auberge, un homme à grande barbe, avec un habit violet à la grecque, un bonnet fourré, et l'air noble. Il jargonnait une espèce d'italien, que personne n'entendait. Rousseau lui parle en bon turinois, l'homme se lève et l'embrasse. C'en est fait : notre gobelune est conquis.

Il prend l'aventurier pour ce qu'il dit être, prélat grec et archimandrite de Jérusalem, chargé de quêter en Europe pour le rétablissement du Saint-Sépulcre et le rachat des esclaves chrétiens. Les belles patentes de la Czarine et de l'Empereur, délivrées au Révérend Père Athanasius Paulus, l'attestent... Rousseau, éberlué, lui emboite le pas, ou plutôt celui de sa monture, car nous avons équipage.

Quête à Fribourg, audience du Sénat à Berne, visite à Soleure chez l'ambassadeur de France. C'était le marquis de Bonac, homme bon et sensé, qui avait été précédemment ambassadeur à la Porte et flaira aussitôt l'imposteur. L'archimandrite sorti, il retint Jean-Jacques, le questionna... Et l'enjôleur de conter... Le marquis, la marquise même séduits, on le garde. Il ne revit jamais l'extraordinaire prélat, eut en revanche les honneurs de la chambre même où avait couché son homonyme le poète Rousseau, Jean-Baptiste... — « A vous de le remplacer de toutes les manières et de faire dire un jour : Rousseau second ! » — pronostiqua l'ambassadeur, en le prenant, généreusement, sous sa protection.

Brave marquis de Bonac ! Il lui trouve presque aussitôt une situation à Paris, chez un M. Godard, colonel suisse au service de la France : gouverneur d'un neveu. Et voilà notre élève-précepteur avec cent francs, et de belles lettres, se voyant déjà faisant chemin dans la hiérarchie militaire : le maréchal

Rousseau ! Pourquoi pas ? Il est myope, il est vrai. Mais Schomberg avait la vue courte...

A peine arrivé par le faubourg Saint-Martin, il déchante. Au lieu de superbes rues et de palais de marbre et d'or, ce ne sont que ruelles sales et puantes, maisons noires, mendiants, charretiers, ravaudeuses, crieuses de tisane et de vieux chapeaux... Cela ne vaut pas Turin, plus versaillais que Versailles !

Bref séjour, où l'enfant perdu crut périr d'ennui. Une paye de soldat, et l'uniforme du régiment... Il n'eut de cesse qu'il quittât son disciple et surtout le maître, vieil avare aussitôt pris en haine. Quelques subsides du bon ambassadeur, — car de Berne, M. de Bonac continue à veiller sur lui, — et le voilà de nouveau en route, pour la Savoie. Ce sera son dernier grand voyage à pied à travers cette France où son génie le naturalisera, et à travers cette nature qui toujours l'émerveillait, lui faisait oublier tout, hors Jean-Jacques, centre de l'Univers...

Heures de solitude et de liberté, où il s'amuse de tout et de rien, — de l'éclat d'un soleil couchant, de l'écume du torrent au fond du précipice, des ricochets des cailloux qu'il y jette, — où il respire à pleins poumons, communie, loin des hommes méchants, avec le principe de la Beauté et de la Bonté universelles. Heures où se trempe, en dépit de ses « pailles », l'acier du futur, véritable Rousseau.

Voyage difficile. L'auberge est coûteuse, quand elle n'est pas inaccessible au chemineau à bourse plate. Il faut heurter quelquefois, aux portes des chaumières. La pauvreté en France alors était grande, et le paysan déjà dressé à la fraude, par le fisc.

On est en 1731, où sous Louis XV le cardinal de Feury règne, et où la caisse publique est vide, pour tout ce qui n'est pas profusions de la Cour.

On se rappelle cette peur du bonhomme à qui Jean-Jacques demanda secours, après plusieurs heures de course inutile, las et mourant de soif et de faim... On lui donne, en le regardant de travers, écuelle de lait et tranche de gros pain d'orge. Puis, jugeant à sa mine qu'il n'est pas à craindre, on sort enfin d'une trappe, par pitié, bon pain bis de pur froment, jambon appétissant et bouteille dont l'aspect réjouit le cœur... Une omelette assez épaisse complète le festin... Et le paysan, alors, d'avouer à Jean-Jacques qu'il l'a d'abord pris pour quelque commis rat-de-cave... Il cachait son vin, crainte des aides, et son pain, crainte de la taille...

« Ce fut là, déclare Rousseau, le germe de

cette haine inextinguible qui se développa depuis dans mon cœur contre les vexations qu'éprouve le malheureux peuple et contre ses oppresseurs. Cet homme, quoique aisé, n'osait manger le pain qu'il avait gagné à la sueur de son front, et ne pouvait éviter sa ruine qu'en montrant la même misère qui régnait autour de lui. Je sortis de sa maison aussi indigné qu'attendri, et déplorant le sort de ces belles contrées à qui la nature n'a prodigué ses dons que pour en faire la proie des barbares publicains. »

A Lyon, où il arriva maigre et défait, traînant misère, il alla voir une amie de Mme de Warens, Mlle du Châtelet, déjà visitée lors du malencontreux abandon de M. Le Maistre. Elle promit d'écrire à Mme de Warens, qu'elle croyait retournée en Piémont. En attendant réponse, réduit à ne pouvoir acheter que du pain, Jean-Jacques en est à coucher par terre, ou sur un banc. Nuits à la belle étoile, sous le tiède ciel d'été, et dont ses vingt ans, écoutant les trilles du rossignol, font quand même un délice...

Un matin qu'il se réveille en chantant, un Antonin qui passe l'écoute avec plaisir, et l'accoste. C'est un M. Rolichon, amateur de musique, et qui lui propose d'en copier. Jean-Jacques est aussitôt chambré, et au travail. Il

copiait aussi mal qu'on le nourrissait bien...
Peu à peu, il s'y fit et se trouva ainsi doté,
par le Hasard, du métier dont plus tard il
vivra, plus régulièrement que du gain de ses
livres.

Au couvent des Chazottes, où la bonne
Mlle du Châtelet, « femme lettrée et d'esprit »
demeurait, il prenait patience, en conversant
avec d'autres pensionnaires, ses amies. C'est
à cette époque qu'il fit connaissance de la
« charmante » Mlle Serre, que, plus tard, il
voulut épouser. Elle n'avait, à cette première
rencontre, que quatorze ans...

Enfin arrivèrent les nouvelles de Chambéry,
où Mme de Warens s'était établie, en revenant
de son long séjour à Paris. La lettre de « Maman » était le plus réconfortant des viatiques :
argent, et pardon, et l'annonce d'une place !
La fin du voyage, — conclusion de deux
années de fugue, — s'annonçait bien. Et
Jean-Jacques de reprendre, rassuré mais
pensif, le chemin du bercail.

Mme de Warens l'accueillit sans reproches.
L'intendant général de sa Majesté Piémontaise
se trouvait là, à qui elle le présenta :

« — Le voilà, monsieur, ce pauvre jeune
homme. Daignez le protéger aussi longtemps
qu'il le méritera. Je ne suis plus en peine de
lui... »

Puis se tournant vers Jean-Jacques ouvrant de grands yeux :

« — Mon enfant, vous appartenez au Roi, remerciez M. l'Intendant qui vous donne du pain. »

Là se bornèrent les épanchements. Peu de jours après, Jean-Jacques était employé à la fabrication du cadastre. Pour la première fois — « après cinq ans de courses, de folies et de souffrances » depuis sa sortie de Genève, — il commençait à gagner sa vie « avec honneur. » (1732).

Ce ne fut pas pour longtemps. A peine réinstallé, — une maison sombre et triste, où rien ne rappelait l'heureuse aisance du gai logis d'Annecy — Jean-Jacques s'aperçut de la place que, malgré l'amant ou pour mieux dire le protecteur nouveau, tenait au logis l'immuable Claude Anet. Il n'eut plus de doutes, après une tentative d'empoisonnement à laquelle, harcelé de scènes avec Mme de Warens, ce serviteur (méthodique, mais dévoué à la vie, à la mort) s'était résolu. Larmes, cris, émétique, — et raccommodement.

Les yeux de Jean-Jacques n'étaient pas ceux de naguères ; il comprit aussitôt, et seulement. Mais, — n'ayant point désiré pour lui-même, précisément, une telle faveur, et quoique trouvant dur qu'un autre en bénéficiât, — il ne s'en attacha que davantage, par affection pour sa bienfaitrice, au bon intendant.

Commencement d'une vie « simple et douce », dit-il. Elle ne débuta pas sans orage ; car, bientôt las de son emploi au cadastre, encore qu'il y ait découvert le goût de l'arithmétique et retrouvé celui du dessin, Jean-Jacques est tout aux amusements de la maison, où Claude Anet l'initie à la botanique et où « Maman » — grande organisatrice de petits concerts — lui farcit la tête d'airs et de chansons... Elle en oublie jusqu'à la cuisson de ses drogues, le barbouille d'essence de genièvre, un jour qu'au clavecin ils l'ont laissée calciner...

La musique, voilà la vocation de Jean-Jacques ! La musique et les jolies écolières, auxquelles, maintenant savant, il l'enseignera. Tel n'est point l'avis de Mme de Warens, qui rechigne à l'abandon du cadastre. Enfin il se libère de l'ennuyeux bureau, et, en même temps, de l'incommodité « de gagner son pain, avec honneur. »

La chose n'alla point d'abord sans tiraillements, et même sans nouvelle rupture. En juin 1733, il est à Besançon, où il est allé prendre des leçons d'harmonie, de l'abbé Blanchard et d'où il essaye de faire chanter Mme de Warens, en la menaçant d'un départ

à Paris : l'abbé, qui s'y doit rendre, le fera
entrer dans la chapelle du Roi... à moins
qu'elle ne lui trouve à Chambéry un « débou-
ché ! » En août, il est à Genève, où il essaye
de tirer, de son père, quelque part de l'héritage maternel.

En septembre, enfin, il réintègre Chambéry. Maman, dans une lettre sévère mais clé-
mente, a pardonné une fois de plus.

Jean-Jacques reprend « le plus doux repos ». La maison de ville était « un cachot »
si étouffé que Maman, sur le conseil d'Anet,
avait loué dans un faubourg « un jardin pour
y mettre des plantes. » A ce jardin était jointe
une petite guinguette assez jolie qu'on meu-
bla selon l'ordonnance. On y mit un lit. On
y allait souvent dîner et Jean-Jacques, engoué
de cette petite retraite où il avait « mis quelques livres et beaucoup d'estampes », y cou-
chait quelquefois...

C'est le temps où « l'Europe est en feu ». La
France et l'Autriche venaient de se déclarer
la guerre ; le Roi de Sardaigne était entré
dans la querelle et l'armée française filait en
Piémont pour entrer dans le Milanais... Une
colonne passant par Chambéry, Jean-Jacques
va assister aux défilés du haut du petit jardin.
Présenté à « M. le duc de la Trémoille, colonel
du régiment de Champagne, il se sent alors,

et dès lors, violent partisan de la France ; il lit **pour** la première fois les gazettes, et son cœur bat à ses moindres avantages, il ne cessera plus de l'aimer, cette patrie d'élection, même quand par la suite, à Paris, il fera « l'anti-despote et le fier républicain, même quand il se verra exilé, maltraité... »

« J'ai cherché longtemps — a-t-il observé, la cause de cette partialité et je n'ai pu la trouver que dans l'occasion qui la vit naître. Un goût croissant pour la littérature m'attachait aux livres français, aux auteurs de ces livres, et aux pays de ces auteurs. Au moment même que défilait sous mes yeux l'armée française, je lisais les grands capitaines de Brantôme... Enfin j'appliquais à ce que je voyais les idées que je puisais dans les livres ; mes lectures toujours continuées et tirées de la même nation nourrissaient mon affection pour elle et m'en firent une passion aveugle que rien n'a pu surmonter. »

Voilà désormais, Jean-Jacques, « Français ardent ». La musique acheva une conversion si vivement déterminée. « Tandis qu'on se battait en Italie, on chantait en France. Les opéras de Rameau commençaient à faire du bruit. » Jean-Jacques achète son Traité de l'Harmonie, et après une vive et courte maladie inflammatoire (?) profite de sa convalescence pour « dévorer » son Rameau. « Maman » (qui a toujours, elle aussi, adoré la musique, au point que ses concerts où participe un Père Caton font jaser la séquelle dévote), ne s'oppose plus à ce que « Petit », qui durant qu'elle vieillissait a grandi, donne libre cours à sa vocation.

Voilà Jean-Jacques promu professeur, et tout à la joie d'enseigner de jolies écolières. Voici Mlle de Mallarède : « Elle était un peu maigre, comme sont la plupart des filles à son âge ; mais ses yeux brillants, sa taille fine, et son air attirant, n'avaient pas besoin d'embonpoint pour plaire. J'y allais le matin, et elle était encore ordinairement en déshabillé, sans autre coiffure que ses cheveux négligemment relevés, ornés de quelque fleur qu'on mettait à mon arrivée et qu'on ôtait à mon départ pour se coiffer. Je ne crains rien tant dans le monde qu'une jolie personne en déshabillé ; je la redouterais cent fois moins, parée... »

Mlle de Menthon, chez qui il va l'après-midi, et qui ne le reçoit qu'habillée, lui fait une impression tout aussi douce, mais différente : « Ses cheveux étaient d'un blond cendré ; elle était très mignonne, très timide, et très blanche ; une voix nette, juste, et flûtée, mais qui n'osait se développer. Elle avait au sein la cicatrice d'une brûlure d'eau bouillante qu'un fichu de chenille bleue ne cachait pas extrêmement. Cette marque attirait quelquefois de ce côté mon attention, qui bientôt n'était plus pour la cicatrice... »

Quant à Mlle de Challes, autre voisine, c'était « une fille faite ; grande, belle carrure, de l'embonpoint : elle avait été très bien. Ce n'était plus une beauté ; mais c'était une personne à citer pour la bonne grâce, pour l'humeur égale, pour le bon naturel... » Il a aussi des écolières dans la bourgeoisie, Mlle L... « vrai modèle d'une statue grecque, et que je citerais pour la plus belle fille que j'aie jamais vue, s'il y avait quelque véritable beauté sans vie et sans âme. »

La mère lui plaisait mieux : « C'était un petit minois éveillé, chiffonné, marqué de petite vérole. Elle avait de petits yeux très ardents, et un peu rouges, parce qu'elle y avait presque toujours mal. Tous les matins quand j'arrivais, je trouvais prêt mon café à la crème ; et la mère ne manquait jamais de m'accueillir par un baiser bien appliqué sur la bouche, et que par curiosité j'aurais voulu rendre à la fille, pour voir comment elle l'aurait pris. Au reste tout cela se faisait si simplement et si fort sans conséquence, que quand M. L... était là, les agaceries et les baisers n'en allaient pas moins leur train. C'était une bonne pâte d'homme, le vrai père de sa fille, et que sa femme ne trompait pas, parce qu'il n'en était pas besoin. »

Bien que Jean-Jacques se prêtât, affirme-t-il, à toutes ces caresses avec sa balourdise ordinaire, « les prenant tout bonnement pour des marques de pure amitié », Mme de Warens, à qui il ne manquait point d'en faire confidence, jugea expédient de ne point le laisser s'exposer davantage à des tentations où il risquait, définitivement, d'échapper à sa maternelle influence.

Elle lui enseignera l'amour, comme elle lui a enseigné le reste. Ainsi elle le retiendra, pense-t-elle, par la chaîne pour elle la plus légère, et pour lui la plus douce... On est à la fin de 1733 ou au commencement de 1734. « Maman » a trente-cinq ans, et « Petit » vingt et un.

C'est une des pages les plus mélancoliques du monde que celle où Rousseau conte comment il devint amant malgré lui. Et je ne sais, pour la mémoire de Mme de Warens, rien de plus triste que ce calcul de rouée. Il est vrai qu'elle n'attachait (je l'ai déjà dit) nulle importance au geste d'amour, aussi est-ce avec la plus parfaite tranquillité qu'elle fait part, au nigaud passionné, de l'intention qu'elle a de se donner à lui. Notez qu'elle ne rogne en quoi que ce soit pour cela les anciennes prérogatives de Claude Anet. Mais ne savons-nous pas qu'elle eût « couché tous les jours avec vingt hommes en repos de conscience, et sans même en avoir plus de scrupule que de désir ?... »

Donc point de « manèges ni d'agaceries », mais, huit jours avant la date résolue, un entretien plein de sentiments et de raison. Elle y énonça des conditions, lui « se dépêchant de consentir à tout ». Il n'y avait point là de quoi exalter notre rêveur, tel que nous le connaissons, mais de quoi, au contraire, le rassasier à l'avance !... Sans doute, Mme de Warens est toujours, quoi qu'avec un peu plus de rondeurs, la même enchanteresse qu'à l'apparition première, dans le ciel bleu de Pâques Fleuries...

« C'était le même œil, le même teint, le même, sein, les mêmes traits, les mêmes cheveux blonds, la même gaieté, tout jusqu'à la même voix, cette voix argentée de la jeunesse qui fit toujours sur moi tant d'impression qu'encore aujourd'hui je ne puis entendre sans émotion le ton d'une jolie voix de fille...» Pourtant c'était une autre, — c'était Maman !

« A force d'user avec elle de la familiarité d'un fils, je m'étais accoutumé à me regarder comme tel. Je crois que voilà la véritable cause du peu d'empressement que j'eus de la posséder, quoiqu'elle me fût si chère... »

Sans doute en est-il encore une autre, c'est qu'à force de l'avoir possédée en idée, l'adaptant aux recherches de sa « fantaisie », il est d'avance inquiet de la posséder en fait, sachant que jamais il ne lui osera avouer les goûts secrets de sa manie... Mais cette cause-là, soigneusement il la cache.

« On verra, ajoute-t-il, que dans mon âge avancé, la seule idée de quelques légères faveurs qui m'attendaient près de la personne aimée (Sophie d'Houdetot) allumait mon sang à tel point qu'il m'était impossible de faire impunément le court trajet qui me séparait d'elle. Comment, par quel prodige, dans la fleur de ma jeunesse eus-je si peu d'empressement pour la première jouissance ? » Il en voit approcher l'heure avec plus de peine que de plaisir. Au lieu des délices qui eussent dû l'enivrer, il n'a « presque que répugnances et des craintes ». Au point que s'il avait pu « se dérober à son bonheur » il l'eût fait « de tout son cœur ».

Quelque chose ici glace la délicatesse, dont on ne sait si c'est la froide réflexion de l'initiatrice, ou l'acceptation respectueuse, je dirais presque résignée du domestique, s'il n'était conscient de tous les avantages qu'il trouvera à la promotion ! Le voilà le second, le remplaçant éventuel de Claude Anet, avec lequel, en attendant, il fera bonne vie, dans le plus paisible des partages.

Lui-même, froidement, le confesse :

« Le lecteur déjà révolté juge qu'étant déjà possédée par un autre homme elle se dégradait à mes yeux en se partageant, et qu'un sentiment de mésestime attiédissait ceux qu'elle m'avait inspirés ; il se trompe. Ce partage il est vrai, me faisait une peine cruelle, tant par une délicatesse fort naturelle, que parce qu'en effet je le trouvais peu digne d'elle et de moi ; mais quant à mes sentiments pour elle, il ne les altérait point... »

C'est qu'il a près de Mme de Warens bon gîte... Il se résigne donc au reste, tout en la plaignant, et en se plaignant...

« J'aurais voulu lui dire : non, maman, il n'est pas nécessaire ! Je vous réponds de moi sans cela. Mais je n'osais ; premièrement parce que ce n'était pas une chose à dire, et puis parce qu'au fond je sentais que cela n'était pas vrai, et qu'en effet il n'y avait qu'une femme qui pût me garantir des autres femmes et me mettre à l'épreuve des tentations. Sans désirer de la posséder, j'étais bien aise qu'elle m'ôtât le désir d'en posséder d'autres ; tant je regardais tout ce qui pouvait me distraire d'elle comme un malheur. »

Vient le jour plus redouté qu'attendu : « Je me vis, pour la première fois, dans les bras d'une femme, et d'une femme que j'adorais. Fus-je heureux ? non, je goûtai le plaisir. Je ne sais quelle invincible tristesse en empoisonnait le charme. J'étais comme si j'avais commis un inceste. Deux ou trois fois, en la pressant avec transport dans mes bras, j'inondai son sein de mes larmes. Pour elle, elle n'était ni triste ni vive ; elle était caressante et tranquille. Comme elle était peu sensuelle et n'avait point recherché la volupté, elle n'en eut pas les délices, et n'en a jamais eu les remords. »

Jean-Jacques l'en croit excuser, en spécifiant que toutes ses défaillances lui vinrent de ses erreurs, jamais de ses passions :

« Les motifs étaient louables jusque dans ses fautes. En s'abusant elle pouvait mal faire, mais elle ne voulait rien qui fût mal. Elle abhorrait la duplicité, le mensonge ; elle était juste, équitable, humaine, désintéressée, fidèle à sa parole, à ses amis, aux devoirs qu'elle reconnaissait comme tels, incapable de vengeance et de haine, et ne concevant même pas qu'il y eût le moindre mérite à pardonner. Enfin, pour revenir à ce qu'elle avait de moins excusable, sans estimer ses faveurs ce qu'elles valaient, elle n'en fit jamais un vil commerce, elle les prodiguait, mais elle ne les vendait pas, quoiqu'elle fût sans cesse aux expédients pour vivre. »

Quelques touches encore, pour compléter ce portrait moral, — ou pour mieux dire amoral, — d'une des plus célèbres femmes du xviiie siècle, et qui en reflète le plus étonnamment la légèreté complexe :

« Elle était bien née, son cœur était pur, elle aimait les choses honnêtes, ses penchants étaient droits et vertueux, son goût était délicat, elle était faite pour une élégance de mœurs qu'elle a toujours aimée, et qu'elle n'a jamais suivie ; parce qu'au lieu d'écouter son cœur qui la menait bien, elle écouta sa raison qui la menait mal. Quand des principes faux l'ont égarée, ses vrais sentiments les ont toujours démentis : mais malheureusement elle se piquait de philosophie ; et la morale qu'elle s'était faite, gâta celle que son cœur lui dictait. »

Ajoutons que cette morale était celle du temps. Mme de Warens, élevée par un libertin, (son premier amant, M. de Tavel) et vivant au siècle du libertinage, est-elle autre chose, malgré ses dons natifs, qu'une victime, et touchante, de la loi du Milieu ? Elle mérita, dira-t-on, ses malheurs. Il est vrai. Mais au regard supérieur de la pitié, ses malheurs, sans la disculper, l'innocentent à demi.

Quant à Jean-Jacques, ayant désormais de palpables raisons d'attachement, ne le chicanons que dans la mesure où, à cette époque corrompue, sa conscience sans éducation eût pu l'éclairer. Le petit bourgeois dévoyé n'est pas ici plus indélicat que tant de seigneurs de haute mine, vivant alors aux crochets de leurs maîtresses, avec d'autres seigneurs partagées. Places, cordons, brevets militaires, tout était de bonne prise, aux amants aimés.

Si le respect de soi-même est une valeur changeante selon le cours des temps, et s'il y a des degrés dans certaines abdications, la roture d'un Rousseau, jeune homme inconsidéré, est ici moins blâmable que la noblesse des Lauzuns, profiteurs vieillis. Elle se comprend mieux, si elle ne s'excuse pas davantage.

VII

DE LA MORT DE CLAUDE ANET A L'APPARITION DE
WINTZENRIED : UN BONHEUR GACHÉ. — MADE-
MOISELLE LA BUSSIÈRE. — LE VOYAGE A
MONTPELLIER ET MADAME DE LARNAGE. —
QUAND IL REVIENT A CHAMBÉRY, LA PLACE EST
PRISE.

Claude Anet, modèle d'attachement, prit-il
son parti de celui qu'avait pris sa maîtresse à
tous les sens du mot ? Toujours est-il que s'il
en souffrit, il ne le montra point. Ils parurent
vivre, Jean-Jacques et lui, en parfaite intelligence, sous l'œil souriant et satisfait de
Mme de Warens...

« Combien de fois elle attendrit nos cœurs
et nous fit embrasser avec larmes, en nous disant que nous étions nécessaires tous deux au
bonheur de sa vie... Ainsi s'établit entre nous

trois une société sans autre exemple peut-être sur la terre. Tous nos vœux, nos soins, nos cœurs, étaient en commun. Rien n'en passait au delà de ce petit cercle. L'habitude de vivre ensemble et d'y vivre exclusivement devint si grande que si dans nos repas un des trois manquait ou qu'il en vînt un quatrième, tout était dérangé ; et malgré nos liaisons particulières, les tête-à-tête nous étaient moins doux que la réunion... Ce qui prévenait entre nous la gêne était une extrême confiance réciproque, et ce qui prévenait l'ennui était que nous étions tous fort occupés. Maman, toujours projetante et agissante, ne nous laissait guère oisifs ni l'un ni l'autre, et nous avions encore, chacun pour notre compte, de quoi bien remplir notre temps. »

Celui de Jean-Jacques était particulièrement pris par le souci que Mme de Warens avait de le vouloir pousser dans le monde. Mais, marchant du talon à cause de ses cors, il ne satisfaisait pas plus le maître de danses que le maître d'armes, « pédant insupportable avec son plumet et son plastron. »

Bientôt, renonçant à ces exercices, il s'accoutume « dans un art plus utile », celui d'être content de son sort, « et de n'en pas désirer un plus brillant ». Imaginons-le, acagnardé dans la maison pleine de charlatans, de fabricants, de souffleurs, d'entrepreneurs de toute espèce, au milieu desquels erre Claude Anet avec son habit noir, sa perruque bien peignée, son maintien grave et décent...

Il faut, pour essayer de comprendre une semblable « trinité », se dégager, — et sans doute est-ce bien difficile, — de tous les préjugés de l'hypocrisie sociale en même temps que de toutes les considérations habituelles sur la famille et l'amour.

Il n'y a ici que trois êtres absolument libres, sans nul lien religieux ni légal, trois êtres ayant l'amoralité du temps, et (du moins Jean-Jacques et Mme de Warens) sans amour.

Car comment concevoir celui-ci, — qui, par définition, est le sens de la propriété poussé à son extrême limite, la forme exaspérée du surégoïsme, — sans passion de l'absolu, donc sans jalousie ? Pour tous trois, le jeune amant et la maîtresse vieillissante aussi bien sans doute que pour Claude Anet, qui, du même âge que Mme de Warens, peut être considéré comme faisant office de mari-domestique en chef, — quel lieu de compliquer leur tranquillité, de sentiments qu'ils n'éprouvaient point?

L'amour, réduit à n'être qu'un exercice gymnastique, ne trouble ni le cœur ni les sens. Or nous n'ignorons pas que « Maman », qui avait un cœur d'artichaut, n'avait point de sens, du moins au dire de Rousseau, et que celui-ci, qui n'avait encore guère de cœur, n'eut jamais de sens qu'en imagination.

Seul, dans ce singulier ménage, Claude Anet reste figure quelque peu énigmatique. Il est, depuis l'adolescence, attaché corps et âme à la belle inconstante. Il l'a vue aimer tant de choses, et tant de gens !... Il devait être blasé. A moins que la dernière goutte n'ait fait déborder le vase d'amertume ?

Un fait certain, c'est qu'il ne survécut guère à cette nouvelle façon de « bonheur ». Tandis que Mme de Warens rêvait de créer à Chambéry un Jardin des Plantes dont il serait le directeur, en même temps qu'un collège de pharmacie où elle caserait l'incasable Jean-Jacques, Claude Anet mourut d'une pleurésie gagnée à herboriser sur les Alpes. Le 14 mars 1734 Rousseau hérita de ses hardes et de son emploi. Le bel habit noir, surtout, le satisfit. Mais, passé majordome, il ne montra point la stoïque fermeté de son devancier.

Ne sachant ni diriger les affaires ni restreindre le gaspillage de la maison, il la voit prête à la ruine, et avec la sèche raison que son lyrisme enveloppe, déjà il se détache.

« Après mille épreuves de l'inutilité de mes remontrances, que me restait-il à faire, sinon de détourner les yeux du mal que je ne pouvais prévenir ? Je m'éloignais de la maison dont je ne pouvais garder la porte. Je faisais de petits voyages à Nyon, à Genève, à Lyon, qui, m'étourdissant sur ma peine secrète, en augmentaient en même temps le sujet par ma dépense. Je puis jurer que j'en aurais souffert tous les retranchements avec joie si maman eût vraiment profité de cette épargne. Mais certain que ce que je me refusais passait à des fripons, j'abusais de sa facilité pour partager avec eux. Et comme le chien revient de la boucherie, j'emportais mon lopin du morceau que je n'avais pu sauver. »

Il l'emportait même avec alacrité, si l'on en juge par le ton d'une lettre que vient de nous révéler la *Correspondance générale* rassemblée par Th. Dufour et publiée par P.-P. Plan. Nous l'y voyons tenir à une certaine Mlle La Bussière des propos incandescents, dont, — si peu sentimentale qu'elle fût, — Mme de Warens eût été blessée, si elle en avait été avertie.

Est-ce en 1735, est-ce un peu plus tard que le petit roman se noua ? Tout ce qu'on en sait est qu'il eût Lyon pour théâtre, — Lyon où lui-même nous dit qu'il va se divertir à cette époque, et où plusieurs fois il séjournera, jusqu'au grand tournant de sa vie... L'inflammable Jean-Jacques, ayant surpris, le long de

la Saône, une naïade, aussitôt se déclare dans
ces termes :

« J'ose à peine vous avouer, Mademoiselle,
la circonstance à laquelle je dois le bonheur
de vous avoir vue, et le tourment de vous aimer. Le hasard a commencé, l'amour a ter-
miné cet événement. Mais que dis-je, le
hasard ? Non, l'amour a tout opéré, dès l'instant que votre voix enchanteresse s'est fait
entendre. C'est par lui qu'elle a pénétré jusqu'à mon cœur, c'est lui qui a excité en moi
la plus indiscrète curiosité ; c'est lui qui a
étalé à mes avides regards des trésors dangereux ; c'est lui qui, depuis les bains du 20 de
ce mois, trouble ma raison ; c'est lui qui m'a
dicté cette lettre.

« Mais pourquoi vous taire ici le plus re-
doutable des pièges, et celui sans lequel j'eusse
peut-être échappé à tous les autres ? Je ne
craindrai point de le dire, Mademoiselle : il
doit nous faire honneur à tous les deux. Oui,
ce sont moins ces yeux dont la douceur égale
la vivacité ; c'est moins cette fraîcheur et ces
lys répandus avec tant de profusion sur toute
votre personne ; c'est moins cette taille svelte
et légère, qui ne perd rien par la nudité ; c'est
moins cette forme élégante, ces gracieux con-
tours, qu'il me serait aussi téméraire de vouloir décrire qu'il me l'a été d'oser les voir ;

c'est moins, dis-je, le détail et l'ensemble de
tant de charmes qui m'ont séduit, que cette
rougeur aimable, fille de la pudeur et de l'in-
génuité, dont j'aperçus votre front se couvrir,
dès que je m'offris à votre vue (1), après vous
avoir démasqué trop malignement mon indiscrétion par un couplet que je chantai. Dieux !
que vous étiez belle, tant il est vrai que la
vertu est le fond le plus séduisant de la beauté !
Que ne puis-je vous rendre tout ce qui se passa
dans mon âme, à l'aspect de votre confusion !
je n'eus pas le courage de vous fixer longtemps ; il me sembla, dans vos yeux, que vous
me reprochiez d'avoir ajouté la méchanceté à
la licence ; et ces reproches me paraissaient
moins inspirés par le courroux que par le regret de me trouver si coupable. Oh ! combien
je détestai ma cruelle plaisanterie ! Combien je
me serais estimé heureux de pouvoir me présenter à vos genoux pour en obtenir le pardon ! Et maintenant encore, presque sans espoir d'être à jamais connu de vous, je sens
qu'il importe à ma tranquillité que vous me
l'accordiez...

« C'est de votre bouche même que j'ai appris votre nom, tandis que vous acoutumiez le

____

(1) **Dans quel état ?** On frémit au souvenir des allées de
Turin... Aussi bien les lignes suivantes sont assez nettes,
quand on connaît le maniaque.

jeune enfant qui vous accompagnait au bain à le répéter en diverses manières et avec les plus agréables diminutifs, mon oreille attentive se prêtait aux douces inflexions de votre voix, et ce nom chéri se gravait en traits de feu dans ma mémoire. Quelques indices m'ont informé de votre demeure : j'ai osé porter mes pas de ce côté. Mon cœur sut bientôt vous démêler parmi les personnes avec qui vous étiez. J'étais déjà troublé ; mais dans l'instant où vos yeux rencontrèrent les miens, mes genoux chancelants, ma vue obscurcie, me permirent à peine de poursuivre mon chemin. Vous n'avez jamais sans doute éprouvé ces effets. Votre jeunesse, votre innocence m'en sont de sûrs garants. Puissiez-vous toujours les ignorer ; mais heureux celui pour qui vous les ressentirez ! Un peu remis de mon émotion, je revins sur mes pas, à peu près comme l'aiguille aimantée revient sur son pôle. Vous aviez prévu sûrement ce retour. Vos beaux yeux obstinément baissés rendirent encore vaine, cette fois, l'espérance que j'avais d'y lire mon pardon. Enfin, découragé par mille obstacles, par mille inconvénients, que ma raison s'est efforcée de grossir et de multiplier, j'ai voulu vous oublier ; j'ai tout tenté pour vous chasser de mon cœur. Efforts impuissants ! Je me sens capable de souffrir tout, hors l'idée de votre haine,

et malheureusement elle m'occupe sans cesse.
Tranquillisez-moi sur cet article, Mademoiselle, ne fût-ce que par pitié : je ne me crois
point en droit d'exiger d'autre sentiment; mais
celui-ci est innocent ; il est l'apanage des
belles âmes, il ne peut manquer d'avoir une
place dans la vôtre. Quant à moi, peu vous
importe quel sentiment m'anime ; votre délicatesse n'en reçoit aucune atteinte. Si c'est un
crime, il est à moi seul, et vous n'y avez
d'autre part que le talent involontaire d'être
aimable. Permettez-moi seulement de vous
donner un avis : n'allez plus au bain, Mademoiselle, ou prenez-y plus de précautions ; à la
fin, vous ne seriez plus tout à fait si excusable. Vous ne manqueriez pas de curieux indiscrets dévoués à un sort pareil au mien : il
y aurait de l'inhumanité à abuser de la magie
de vos attraits, pour allumer dans le cœur de
ces malheureux des incendies que vous ne vou-
driez point éteindre. Ce sont de ces manèges
barbares dont il faut abandonner l'usage aux
coquettes : je vous crois trop sensible pour
l'être.

« Je ne me ferai point connaître, Mademoiselle : cette réserve est aussi essentielle pour moi
qu'elle l'est peu pour vous. Si toutefois, ce
dont je ne me flatte point, vous preniez à moi
un intérêt assez vif pour le désirer, nous avi-

serions aux moyens de vous satisfaire d'une manière décente et sans manquer à ce que vous devez à vous-même. Je ne vous demande ici qu'un mot de consolation, une simple assurance que vous ne m'en voulez pas. C'est peu de chose pour vous, ce sera tout pour moi.

« Je suis, Mademoiselle, l'homme qui vous aime et qui vous estime le plus. »

Mlle La Bussière répondit, non aux avances, mais à la lettre. Rousseau la revit aux voyages et aux séjours suivants. Et il semble bien que ce soit elle que visent ces passages des notes inutilisées dans les *Confessions*, et que conserve la Bibliothèque de Neuchatel.

« Mon cœur était en paix devant elle et ne désirait rien... (N'oublions pas l'aveu déguisé de la lettre et quelles apaisantes privautés Jean-Jacques ne s'était sans doute pas privé de prendre, avec l'image !)... Nous évitions de nous regarder, étant seuls... Cette sévérité m'était cent fois plus délicieuse que n'auraient été ses faveurs... Il me sembla qu'elle me traitait comme une chose à elle, qu'elle me recevait en propriété, qu'elle s'emparait de moi... Le mot d'amour n'a pas même été prononcé entre nous. Mais il est impossible de perdre la forte persuasion d'avoir été passionnément aimé d'elle. Elle ne me pria plus de rien, elle ne fit plus que commander... Elle m'ordonna de lire, et je lus. Je lisais mal : elle me reprit deux ou trois fois ; enfin elle m'imposa silence.. Je fus touché, je la suppliai de me permettre de continuer, elle le permit ; je continuai : je n'ai jamais si bien lu de ma vie... Une fois hélas, une seule fois en ma vie, ma bouche rencontra la sienne. O souvenir, te perdrai-je dans le tombeau?... Hommes sensuels, vantez tant qu'il vous plaira vos plaisirs grossiers, je vous défie tous, tant que vous êtes, d'avoir jamais rien goûté de semblable aux délices dont mon cœur fut inondé durant six mois. »

Et plus loin : « Durant ce voyage, elle semblait avoir redoublé d'affection pour moi. Je trouvais dans ses caresses quelque chose de plus doux et de plus tendre encore, et mon pauvre cœur, toujours plus sensible, volait au-devant des témoignages de son amitié. Elle me dit : — « Nous sommes bons amis, ce me semble. Oui, lui dis-je, et nous aurions pu l'être encore plus... Ah! Comment je vous aurais aimée ! Mais il eût fallu pour cela cinq conditions (*sic*) dont la plus aisée est impossible et sans lesquelles il n'y faut pas songer. » Elle resta interdite et ne répondit rien. Cela était naturel, mais ce qui ne l'était pas, ce fut un certain tour d'yeux qui accompagna ce silence et que je n'oublierai de ma vie. Ce mouvement presque imperceptible repoussa mon cœur pour jamais... Ses lèvres ne résistaient point aux miennes et sa bouche fuyait des baisers qu'elle destinait à un autre. »

Entre temps, Jean-Jacques se fait à Chambéry des amis : l'aimable Gauffecourt, l'excellent M. de Conzié qui lui fait admirer Voltaire... L'idée de l'avenir cependant le préoccupe, il en écrit à son père qui le pressait de songer à un établissement : En premier lieu, énonce Jean-Jacques, il pourrait « pratiquer la musique ». Secondement un peu de talent qu'il a pour l'écriture pourrait l'aider à trouver un emploi de secrétaire chez quelque grand seigneur, enfin il s'estime capable de « servir de gouverneur à un jeune seigneur » et c'est l'état pour lequel il se sent un peu de prédilection. Cependant ce qui le tente le plus est — il l'avoue ingénuement — de demeurer auprès de Mme de Warens, et de lui rendre « jusqu'à la fin de ma vie tous les services qui seront en mon pouvoir ».

Lisez qu'il se juge là un pratique poste d'attente, où, défrayé de tout, il préfère en définitive « voir venir », tout en se préparant aux trois métiers que, sans enthousiasme, il envisage.

Il n'en est qu'un auquel délibérément il

répugne, et c'est celui que « Maman » lui voudrait voir choisir : la médecine. Mais, pour l'heure (juin 1737), il n'en peut être question. En manipulant une bouteille à mélange effervescent, le contenu, — orpiment et chaux, — lui sauta au visage, et le voilà quelques jours aveugle. Il en pensa mourir et fit, sans le signer d'ailleurs, son testament par lequel il instituait sa bienfaitrice héritière de ses biens en dehors de la « légitime » revenant à son père sur la succession maternelle.

Mme de Warens le soigna avec un si tendre dévouement que, quinze jours après, ne parlant plus de signer le testament, il pouvait du moins signer une procuration à fin de toucher sa propre part d'héritage : 3.000 livres. Il ne se remettait d'ailleurs point, bientôt tomba dans une véritable maladie de langueur : oppressions, crachements de sang, fièvre lente.

N'en cherchons pas loin la cause. Lui-même l'avoue avec une franchise qui en redouble le cynisme : « L'épée use le fourreau, dit-on quelquefois. Voilà mon histoire. Mes passions m'ont fait vivre, mes passions m'ont tué. Quelles passions, dira-t-on? Des riens : les choses du monde les plus puériles, mais qui m'affectaient comme s'il se fût agi de la possession d'Hélène ou du trône de l'univers. D'abord les femmes. Quand j'en eus une, mes sens furent tranquilles, mais mon cœur ne le fut jamais. Les besoins de l'amour me dévoraient au sein de la jouissance. J'avais une tendre mère, une amie chérie, mais il me fallait une maîtresse. Je me la figurais à sa place ; je me la créais de mille façons pour me donner le change à moi-même. Si j'avais cru tenir maman dans mes bras quand je l'y tenais, mes étreintes n'auraient pas été moins vives, mais tous mes désirs se seraient éteints ; j'aurais sangloté de tendresse, mais je n'aurais pas joui. Jouir ! ce sort est-il fait pour l'homme ? Ah ! si jamais une seule fois en ma vie j'avais goûté dans leur plénitude toutes les délices de l'amour, je n'imagine pas que ma frêle existence y eût pu suffire ; je serais mort sur le fait. J'étais donc brûlant d'amour sans objet, et c'est peut-être ainsi qu'il épuise le plus. »

Vite le mal empira, aggravé par le traitement : il consistait « à se lever au milieu de la nuit, à se rendre dans la chambre de Mme de Warens, à s'asseoir sur son lit, à lui prendre les mains, à s'entretenir de la mort prochaine, à pleurer avec elle pendant des heures ». Il devenait urgent, a remarqué plaisamment Faguet, de trouver un remède au remède.

Excédée, — d'autant plus qu'elle a fait déjà connaissance, à cette époque, d'un autre et plus solide adolescent, à la conversion duquel elle a pris intérêt, — (un jeune Vaudois nommé Vintzenried et qui se fait appeler de Courtilles) — elle finit par ordonner que Jean-Jacques irait à Montpellier, lieu grandement renommé par sa Faculté, pour s'y soigner autant que pour y étudier l'art d'Esculape, où elle eût aimé le voir s'instruire.

Les Confessions, par une erreur singulière sans doute imputable à quelque transposition de souvenirs ou à quelque manque de mémoire (on sait que Rousseau avait cinquante-sept ans quand il commença de les écrire), placent, avant le voyage à Montpellier, le fameux séjour aux Charmettes. C'est après qu'il le faut situer, dût l'aventure célèbre y perdre un peu de sa poésie...

Jean-Jacques, qui a vingt-cinq ans et se croit un polype au cœur, se met donc douillettement en route, muse à Grenoble, et y prend pour la première fois chaise de poste, toujours aux frais de Maman. A Moirans, rencontre d'une aimable voyageuse, Mme de Larnage, qui aussitôt le distingue. Lui de se donner pour un M. Dudding, jacobite. Elle, qui n'est ni jeune ni belle et a déjà grande fille, lui apparaît pleine d'esprit et de grâces. Elle ne va que jusqu'à Bourg Saint-Andéol, et voilà, dès les premiers mots, le lien noué... « Adieu la fièvre, les vapeurs, le polype, tout part auprès d'elle, hors certaines palpitations qui me restèrent et dont elle ne voulait pas me guérir. » (Désirs de fessée ?) Et le beau voyage commence, « à journées de limaçon ».

Mme de Larnage fait, cela va de soi, toutes les avances, croyant à une simplicité de novice, qui ne fait qu'irriter son caprice. Enfin, à Valence, durant une promenade autour de la ville, le long des fossés, elle n'y tient plus, et rompant le silence du boudeur, qui pense qu'on le moque, elle lui passe un bras autour du cou, « et dans l'instant sa bouche parla trop clairement sur la mienne pour me laisser mon erreur. La crise ne pouvait se faire plus à propos. Je devins aimable. Il en était temps. Elle m'avait donné cette confiance dont le défaut m'a presque toujours empêché d'être moi. Je le fus alors. Jamais mes yeux, mes sens, mon cœur et ma bouche n'ont si bien parlé ; jamais je n'ai si pleinement réparé mes torts... Quand je vivrais cent ans, je ne me rappellerais jamais sans plaisir le souvenir de cette charmante femme... Tout au contraire des autres femmes, ce qu'elle avait de moins frais était le visage, et je crois que le rouge le lui avait gâté. Elle avait ses raisons pour être facile : c'était le moyen de valoir tout son prix. On pouvait la voir sans l'aimer, mais non pas la posséder sans l'adorer ; et cela prouve, ce me semble, qu'elle n'était pas toujours aussi prodigue de ses bontés qu'elle le fut avec moi. Elle s'était prise d'un goût trop prompt et trop vif pour être excusable, mais où le cœur entrait du moins autant que les sens ; et durant le temps court et délicieux que je passai auprès d'elle, j'eus lieu de croire, aux ménagements forcés qu'elle m'imposait, que, *quoique* sensuelle et voluptueuse, elle aimait encore mieux ma santé que ses plaisirs... » (A moins précisément que la maladresse de ceux-ci l'aient elle-même, finalement, laissée froide, précisément *parce que* sensuelle et voluptueuse !)... « Cette vie délicieuse dura quatre ou cinq jours pendant lesquels je m'enivrai des plus douces voluptés. Je les goûtai pures, vives, sans aucun mélange de peines. Ce sont les premières et les seules que j'aie ainsi goûtées. Et je puis dire que je dois à Mme de Larnage de ne pas mourir sans avoir connu le plaisir.

« Si ce que je sentais pour elle n'était pas précisément de l'amour, c'était du moins un retour si tendre pour celui qu'elle me témoignait ; c'était une sensualité si brûlante dans le plaisir et une intimité si douce dans les entretiens, qu'elle avait tout le charme de la passion sans en avoir le délire qui tourne la tête et fait qu'on ne sait pas jouir. *Je n'ai senti l'amour vrai qu'une seule fois en ma vie, et ce ne fut pas auprès d'elle.* Je ne l'aimais pas non plus comme j'avais aimé et comme j'aimais Mme de Warens ; mais c'était pour cela même que je la possédais cent fois mieux. Près de maman mon plaisir était toujours troublé par un sentiment de tristesse, par un secret serrement de cœur que je ne surmontais pas sans peine ; au lieu de me féliciter de la posséder, je me reprochais de l'avilir. Près de Mme de Larnage, au contraire, fier d'être homme et d'être heureux, je me livrais à mes sens avec joie, avec confiance ; je partageais l'impression que je faisais sur les siens ; j'étais assez à moi pour contempler avec autant de vanité que de volupté mon triomphe, et pour tirer de là de quoi le redoubler. »

Ils passèrent trois jours à Montélimart, « tête à tête dans le plus beau pays et sous le plus beau ciel du monde ». Mais, comme Jean-Jacques-Dudding lui-même le remarque avec bon sens, « des amours de voyage ne sont pas faits pour durer. Il fallut nous séparer, et j'avoue qu'il en était temps, non que je fusse rassasié, ni prêt à l'être ; je m'attachais chaque jour davantage ; mais, malgré toute la discrétion de la dame, il ne me restait guère que la bonne volonté. »

De la bonne volonté et un étonnant espoir...

A peine congé pris de Mme de Larnage, notre échafaudeur de rêves, à qui elle avait voulu faire accepter moitié de sa bourse, ne pensait plus qu'à recommencer près d'elle, à Bourg-Saint-Andéol, l'existence jusque-là menée, à Chambéry, près de Mme de Warens. L'image d'une fille de quinze ans, dont la mère lui avait promis qu'il serait caressé, agrémente déjà pour lui un souriant avenir... Mais, pour l'instant, comptent le seul présent, la joie d'avoir plu, d'être libre, et de rouler carrosse.

Sitôt franchi le Pont du Gard, où Jean-Jacques s'est retrouvé l'âme héroïque et romaine, Mme de Larnage n'est déjà plus pour lui qu'un souvenir flatteur. Au Pont de Lunel, après un bon repas, il était déjà quasi-enterré.

Rousseau pensa l'être lui-même à Montpellier, où, malgré l'aide de sa bonne maman, « si indignement trompée », il trouve la vie funèbre, et le lui mande. Le vin est lourd ; il n'y a ni bœuf, ni vache, ni beurre. On ne mange que du mauvais mouton et du poisson de mer en abondance, toujours accommodé à l'huile puante. Beaucoup de phtisiques. Point de bois pour se chauffer. D'épais et froids brouillards sont sans cesse charriés par le vent... Aussi repense-t-il un instant « à aller prendre le lait d'ânesse aux environs de Pont-Saint-Esprit où il y aura bonne compagnie avec laquelle il a déjà fait connaissance » (le fourbe !). Les femmes de Montpellier d'ailleurs ne l'intéressent pas ! Elles n'entendent point le français, et sont divisées « en deux classes : les *dames* qui passent la matinée à s'enluminer, l'après-midi au pharaon et la nuit à la débauche, à la différence des bourgeoises qui n'ont d'occupation que la dernière. »

On est à peine en décembre, et déjà il pense à quitter médecins et médecine. C'est que les lettres de Chambéry, après lui avoir proposé une place qu'il refuse, chez un colonel, lui ont fait entendre qu'en tout cas on ne le désire pas avant juin, et encore, au retour, ne retrouvera-t-il pas la situation de naguères. Il répond en hâte qu'il approuve tout, se soumet à tout, excepté à n'être plus aimé... « A-t-il vécu quelques mois de trop ! » Il a tellement souci de ne point tout perdre, en perdant Mme de Warens, que le voilà prêt à subir son remplaçant, comme il avait lui-même subi Claude Anet... Et Dieu sait pourtant qu'il n'aime pas le Vintzenried, ce prétentieux Vaudois, « ancien garçon perruquier, grand fade blondin, assez bien fait, le visage plat, l'esprit de même, vain, sot, ignorant, insolent... »

Jean-Jacques, puce à l'oreille, en oublie du coup son projet de convalescence à Saint-Andéol, entretenu par les fréquentes, pressantes lettres de Mme de Larnage, et, sans regret, brûle l'étape. Qui sait si la famille de la quadragénaire le traiterait honnêtement. Si d'aventure quelqu'un y parlait anglais, perçait la supercherie ?...

Et s'il allait devenir amoureux de la fille ! Que de tracas et de scandales... Mieux valait, tout compte fait, l'ancien arrangement. Adieu Mme de Larnage !

Ainsi n'aura-t-il pas à continuer de jouer le Dudding, près de sa conquête d'occasion, quand Vintzenried joue, près de Mme de Warens, le Rousseau ! Ce qui ne l'empêche pas de trouver, au manquement de sa promesse, la plus vertueuse raison du monde : la crainte de s'éprendre, tout de bon, de la mère ? Non ! — de corrompre sa fille, de s'exposer ainsi aux malheurs, aux affronts, aux remords, *pour des plaisirs dont il avait, d'avance, épuisé le charme.* »

En un mot, il préfère, aux risques de l'inconnu, la mangeoire familière du passé, quitte à y partager à nouveau la pitance, avec le bellâtre en titre... Mais, naturellement, de se voiler à lui-même sa résolution, par de beaux prétextes : il veut, il doit rester fidèle à ses « devoirs, à cette maman si bonne, si généreuse, qui déjà chargée de dettes l'était encore par de folles dépenses, qui s'épuisait pour lui et qu'il trompait si indignement!... »

A Chambéry, on l'accueille froidement. C'est que Mme de Warens croit avoir retrouvé, en Vintzenried, un autre Anet, aussi travailleur qu'est paresseux Jean-Jacques. Le Vaudois est « zélé, diligent, exact pour toutes les petites commissions, se faisant entendre à la fois à la charrue, aux foins, aux bois, à l'écurie et à la basse-cour. Son grand plaisir est de charrier, scier ou fendre du bois, on le voit toujours la hache ou la pioche à la main... »

Mme de Warens avait en effet loué, au lendemain du départ de Rousseau, un petit logis de campagne, au hameau des Charmettes. C'est là que s'étaient exercés les talents du rustaud... Cependant, c'est à Chambéry qu'à l'arrivée Jean-Jacques trouve maman installée, avec son nouveau filleul. Au bout de quelques jours, le pli était pris, la marraine avait deux « enfants » et qui s'appelaient « frères... »

Mais dès l'abord un *modus vivendi*, différent de celui que par lettre avait accepté Jean-Jacques, avait été établi. Maman, après avoir loyalement confirmé à Petit que sa place était prise, lui avait fait entendre que tous ses droits restaient les mêmes et qu'en les partageant avec un autre, il n'en serait pas privé pour cela...

Quelle ne dut pas être la surprise de Mme de Warens quand elle vit Jean-Jacques se jeter à ses pieds, et lui tenir, avec transport, ce langage :

— « Non, maman ! je vous aime trop pour vous avilir ! Votre possession m'est trop chère pour la partager, les regrets qui l'accompagnèrent quand je l'acquis se sont accrus avec mon amour. Non, je ne puis la conserver au même prix, vous aurez toujours mes admirations, soyez-en toujours digne ; il m'est plus nécessaire encore de vous honorer que de vous posséder. C'est à vous, ô maman, que je cède. C'est à l'union de nos cœurs que je sacrifie tous mes plaisirs ; puissé-je périr mille fois avant d'en goûter qui dégradent ce que j'aime. »

Phraséologie sans nul doute embellie après coup, et où, sous les grands mots, perce la satisfaction d'être délivré de ce qui, pour lui, est corvée. Au grand fade blondin, au Vintzenried, de remplir seul l'emploi !... Il est vrai, nous apprend Jean-Jacques, « qu'à la possession d'une femme pleine de charmes », ce « beau Léandre » ajouta bientôt « le ragoût d'une femme de chambre vieille, **rousse**, édentée, dont maman avait la patience d'endurer le dégoûtant service. »

Il est vrai encore, au surplus, que Mme de Warens concut de la franchise inattendue de Jean-Jacques quelque refroidissement : « **La** privation que je m'étais imposée et qu'elle avait fait semblant d'approuver, est une de ces choses que les femmes ne pardonnent point, quelque mine qu'elles fassent, **moins par** la privation qui en résulte pour elle-même que par l'indifférence qu'elles y voient pour leur possession. Prenez la femme la plus sensée, la plus philosophe, la moins attachée à ses sens, le crime le plus irrémissible que l'homme dont au reste elle se soucie le **moins** puisse commettre envers elle, est d'en pouvoir jouir, et de n'en rien faire. »

L'intimité s'en trouva du coup rompue, Maman ne s'épanchait plus que lorsqu'elle avait à se plaindre de l'autre : « elle prenait peu à peu une manière d'être dont je ne faisais plus partie. Ma présence lui faisait plaisir encore, mais ne lui faisait plus besoin, et j'aurais passé des jours entiers sans la voir, qu'elle ne s'en serait pas aperçue. »

Ce ne fut que quatre mois plus tard, lasse de cette cohabitation dans la contrainte de la ville, que Mme de Warens put enfin envoyer

Jean-Jacques dans le nouveau petit domaine qu'elle s'était assuré, à partir de la Saint-Jean, et toujours au même hameau.

Cette seconde maisonnette, où en réalité elle le reléguait, et où la plupart du temps il vécut seul, ce sont les fameuses *Charmettes*, qu'il devait, en les poétisant, immortaliser !

A l'instant où Petit va pour toujours la réanimer, à travers le Souvenir magique, voilà beau temps que Maman n'est plus la ravissante apparition du clair matin d'Annecy. Fini, le temps des chansons, des pieux entretiens et des coquetteries avec Mgr de Bernex, des grands éclats de rire quand à sa toilette quelque curé l'aidait à lacer son corset, et qu'elle s'échappait en gambadant, tandis que l'autre la suivait, grommelait, tout le tour de la chambre : « Eh ! Madame ! Eh ! Madame !... »

La « Caillette » s'est épaissie, a quitté les gens d'église et le service de Sa Majesté Piémontaise pour courir l'expédient. Aujourd'hui faiseuse d'affaires aux mains du Wintzenried, elle sera, demain, le jouet des fripons. Et bientôt, une épave, aux remous du noir, irrésistible courant...

N'en saluons qu'avec une plus mélanco

lique douceur, — à l'heure où Rousseau la
ressuscite en beauté, — celle qui dans l'Histoire du Cœur restera, parce qu'elle fut
bonne, associée à sa gloire.

DEUXIÈME PARTIE

LE PÈLERIN TOURMENTÉ
(1738-1778)

I

LES CHARMETTES. — LYON : LE PETIT VIN D'AR-
BOIS ET MADEMOISELLE SERRE. — DÉPART
POUR PARIS.

Les Charmettes : la petite maison « fort lo-
geable », à mi-côte du vallon... Au-devant le
jardin en terrasse, une vigne au-dessus, un
verger au-dessous ; vis-à-vis un petit bois de
châtaigniers, une fontaine à portée. Plus
haut, dans la montagne, des prés pour l'entretien du bétail... Les Charmettes ! « Séjour
du bonheur et de l'innocence ! »

C'est ainsi que longtemps après, que toujours il vous reverra, petite maison demeurée si belle à travers son rêve qu'elle reste,
grâce au prestige dont il l'a parée, une sorte
de Paradis d'amour, au seuil du songe de
toutes les vies. Puissance souveraine du

génie ! La masure où Jean-Jacques, après sa jeunesse folle, commence à prendre possession de lui-même, ces champs de sa solitude et de son illusion, les voilà devenus pèlerinage historique, station d'amoureux en voyage.

Les Charmettes ! Et Mme de Warens resplendit, transfigurée. Elle n'est plus l'aventurière conciliant tant bien que mal ses amours domestiques avec les convenances du monde et de l'église, et ce démon des affaires qui la va dévorer. Elle est, aux yeux de Jean-Jacques (et de tous ceux qui l'aiment indulgemment, comme elle l'aima), la jeunesse même de Jean-Jacques ! Un rêve la rehausse, qui l'éternise, maternelle et douce, avec ses yeux couleur de la pervenche qu'à la première visite on découvre avec un cri, on cueille, le long de la haie... Parce qu'en voilà fixé le souvenir dans le mirage des *Confessions* et l'hypnose de la *Nouvelle Héloïse*, une légende est née, que, banale et plate, l'histoire dément.

Ici nul amour, sinon celui du travail et de la liberté.

Ainsi, sentimentalement, ce n'est pas un soleil de printemps qui éclaire, d'une divine aurore, ce nid fameux, c'est le reflet d'un soleil automnal, l'éphémère douceur d'un Été de la Saint-Martin... Mais sur le génie de Rousseau, c'est l'aube. Pour la première fois de sa vie, le voilà seul maître de son destin comme de l'univers dans ce microcosme où il voit réunies, dans la simplicité de la nature, toutes les beautés du monde !

« Là commence le court bonheur de ma vie. Ici viennent les paisibles, mais rapides moments qui m'ont donné le droit de dire que j'ai vécu. Moments précieux et si regrettés !... Je me levais avec le soleil et j'étais heureux ; je me promenais et j'étais heureux; je voyais maman, et j'étais heureux ; je la quittais et j'étais heureux ; je parcourais le bois, les coteaux, j'errais dans les vallons, je lisais, j'étais oisif, je travaillais au jardin, je cueillais les fruits, j'aidais au ménage et le bonheur me suivait partout ; il n'était dans aucune chose assignable, il était en moi-même et me suivait partout... »

Ainsi, ce n'est pas parce qu'il y vécut en amoureux avec Maman, — (car nous savons qu'entre eux le lien charnel est maintenant rompu, et que seul le robuste Vintzenried, devenu M. de Courtilles et surintendant des affaires, règne en maître aux Charmettes), — c'est parce que Rousseau acheva d'y former son talent, sinon d'y forger son âme, que nous sommes sensibles à leur charme.

Depuis qu'il s'est expliqué, avec « cette maman si chérie », le voilà devenu « un véritable fils ». Situation nette. Il est à noter, a-t-il écrit — avec quelque fatuité peut-être ? — « que bien que ma résolution n'eût point son approbation secrète, elle n'employa jamais pour m'y faire renoncer ni propos insinuants ni caresses, ni aucune de ces adroites agaceries dont les femmes savent user sans se compromettre et qui manquent rarement de leur réussir. Réduit à me chercher un sort indépendant d'elle et n'en pouvant même imaginer, je passai bientôt à l'autre extrémité et le cherchai tout en elle. Je le cherchai si parfaitement que je parvins presque à m'oublier moi-même. L'ardent désir de la voir heureuse à quelque prix que ce fut absorbait toutes mes affections. Elle avait beau séparer son bonheur du mien, je le voyais mien, en dépit d'elle. »

Aux Charmettes, Mme de Warens ne séjourna d'ailleurs que par intermittences, et jamais longtemps. Hors la saison des vendanges, et quelques beaux jours où elle est là, Jean-Jacques s'enivre de faire l'ermite, avant l'Hermitage. Cependant on ne les sépare pas, en mémoire de ces causeries, de ces promenades, où bonne marcheuse encore quoique alourdie, on s'en allait sous un ciel sans nuages, de colline en colline, de bois en bois, le long des ruisseaux « bien courants », au souffle du vent frais... On dînait chez des paysans, on faisait le café à l'ombre de grands arbres...

Plus que Maman, citadine, et que Jean-Jacques, fatigué au premier coup de bêche, M. de Courtilles veillait aux travaux. Le plus souvent, levé avec l'aube et musant du colombier aux ruches, Jean-Jacques n'aura pour compagnie que ses amis les pigeons et ses amies les abeilles, et ses livres, ses livres surtout : Philosophie, géométrie, histoire, géographie, latin, c'est là qu'il s'enrichit, pour l'existence entière. Il n'est pas jusqu'à l'astronomie qui n'ait requis cette âme en mal d'infini. Une nuit, quand, à la lueur d'une chandelle éclairant son planisphère céleste, il étudie les constellations « prises dans sa lunette », les paysans s'effarent à le voir dans son accoutrement de sorcier, « un chapeau clabaud » par-dessus son bonnet, et un pet-en-l'air ouaté que « Maman » l'a obligé de mettre...

Une maladie soudaine assombrit, un moment, ces jours heureux : coup de sang, dont, après une cure pénible et dégoûtante (?), il se relève affligé d'un battement d'artères et d'un bourdonnement d'oreilles qui depuis,

— assure-t-il, — ne l'ont jamais quitté... Il se crut, dès ce moment, un homme mort, en profita pour s'efforcer « d'acquérir au moins, auparavant, des idées de toutes choses... » Esprit inquiet, cherchant sa voie, de la religion des hommes à celle que déjà il entrevoit, dans le spiritualisme de la matière même !

Un trait le peint, dans ses incertitudes d'alors. Qu'y a-t-il au delà de la tombe ? Le paradis, l'enfer ?... Il en a peur. Et comme, à l'instant où il y songe, il était en train de lancer machinalement des pierres contre des troncs d'arbres, il fait ce pronostic : « Si je touche, signe de salut. Si je manque, signe de damnation ! » Il jette sa pierre d'une main tremblante, et frappe au beau milieu de l'arbre. (Il a choisi le plus près et le plus gros). C'en est fait, jamais plus il ne doutera de son salut !

En même temps qu'il s'use les yeux à lire, il écrit.

C'est aux Charmettes que Rousseau composa le premier de ses ouvrages, un assez fade poème à vrai dire, et qui, — n'était son joli titre : *Le verger de Mme de Warens,* — n'eût certes ajouté nul laurier à la couronne des *Confessions.*

Verger vite défleuri ! Heures trop rapides,

malgré sa santé chancelante, et que bientôt devaient abréger d'inévitables querelles, la vie devenue difficile, entre les deux « frères ». *Lui*, souffre, supérieur, de n'être plus, en somme, que toléré... *Elle*, elle est toute à ses manigances, entichée de son utile Courtilles plus que du fatigant Jean-Jacques, jouet de luxe à la longue usé... Cependant il fut resté là, heureux de son existence campagnarde, si, l'amour-propre s'en mêlant, il n'eût enfin demandé son congé. On le prit au mot, et, dès avril 1740, le voici expédié à Lyon comme précepteur, chez M. de Mably.

Le séjour aux Charmettes, qui illumine toute sa vie, n'a duré qu'un an et neuf mois. Et nous savons, aujourd'hui, que cette grande flamme d'amour, c'était seulement le pâle sursaut d'un feu qui s'éteignait... L'absence et le recul du temps seuls le rallumeront... Souffle de l'esprit, sur les cendres du cœur.

A cette date prend fin l'influence que la bonne marraine, intellectuellement sinon moralement, exerça sur le « Petit ». A cette date commence, après la Jeunesse folle, une vie nouvelle. Le vagabond va devenir pèlerin,

Du petit laquais de Turin, de l'amant-domestique de Chambéry, il restera sans doute, dans le philosophe qui se cherche, toute la névrose originelle, non pas diminuée par l'âge, mais, au contraire, aggravée jusqu'à la cinquantaine. Cependant un cœur passionné de tendresse, un esprit assoiffé de justice n'en commencent pas moins dès lors à gravir leur haut calvaire, malgré les retours du plus sec égoïsme, malgré les défaillances et les contradictions de la foi.

A Lyon, première étape sur la route encore obscure qui doit mener Jean-Jacques au malheur et à la gloire.

Le précepteur des jeunes de Mably n'y fait pas encore grande figure. Dans ce coureur d'aventures, amateur de bonne chère et dé- gustateur de bon vin (au point de voler pour le boire, en cachette, le bon petit vin d'Ar- bois de M. de Mably !), comment distinguer un des précepteurs futurs de l'Humanité ?

Deux ans se passent, coupés d'un retour aux Charmettes après une maladie, et durant lequel, un instant, se raviva l'ancienne ami- tié, sinon l'intimité complète qui a pris fin au séjour de Montpellier. Jean-Jacques rede- vient, pour quelques semaines, le dévoué se- crétaire d'antan... Pourtant, dès les premiers mots, il sent l'ancien bonheur mort pour tou- jours. Le voilà définitivement surnuméraire, après avoir été tout. Il se découvre étranger dans cette maison dont il a été l'enfant... Il se rend compte que, toutes lézardées de dettes, maison et fortune sont à la veille de crouler.

Alors, délibérément, il prend le grand parti : exploiter l'invention miraculeuse à laquelle il a, durant son séjour à Lyon, travaillé : une nouvelle notation de la musique au moyen des chiffres. Il voit déjà sa richesse faite, la « partageant avec celle à qui il doit tout... » Il voit surtout cette magie de l'avenir, qui le fera partir pour Paris avec son système, comme il partit de Turin, avec sa fontaine de Héron !

En quinze jours, et non sans avoir correspondu à Paris avec le secrétaire de l'Académie des Sciences pour obtenir date de communication, la résolution est prise. Il dit aux Charmettes l'éternel adieu, n'y reviendra jamais plus rôder qu'en souvenir, fidèle à l'asile où il se façonna, où se satisfit sans réserve ce principe de son génie : « le goût de la solitude et de la contemplation. »

Car, malgré tous les grands mots de son culte rétrospectif, ce furent surtout les Charmettes qu'il aima vraiment, non Mme de Warens !... celle-ci, il l'adorait *avant*, il la chérit *après* ; il ne l'aima jamais, durant le temps même qu'ils s'aimèrent.

Aussi bien, ses protestations de fidélité, la richesse, l'avenir, nous savons, par la *Corres-*

pondance, ce que les *Confessions* ne nous révèlent qu'à demi ; c'est qu'à Lyon (où il repasse, *vià* Paris) il en a déjà disposé, et pour une autre ! Il n'a pas tenu à Jean-Jacques qu'au lieu de la fameuse Thérèse (au-devant de laquelle il va à son insu) il n'ait alors épousé Mlle Serre, cette « charmante Mlle Serre » autrefois rencontrée au couvent des Chazottes.

Voici, — encore qu'il n'y ait point absolue certitude qu'elle en ait été la destinataire, mais seulement présomption, du fait que Jean-Jacques y parle d'une possibilité de vocation religieuse, et que le récit des *Confessions* confirme le détail des faits, — la curieuse lettre où nous voyons de quelle sorte inattendue la fortune et l'avenir de Jean-Jacques faillirent tourner, si Mlle Serre l'eût écouté.

Il l'avait revue, durant son préceptorat chez M. de Mably, mais ce n'est qu'à son passage de 1742 qu'ayant plus de loisir, et la fréquentant davantage, son cœur se prit. Il a écrit, longtemps après, que n'ayant rien et Mlle Serre non plus, il se résigna plus facilement à la voir pencher pour un M. Genève, que peu après, en effet, elle épousa.

Le ton de la missive en question sent moins le refroidi. C'est, — avec celle envoyée à Mlle La Bussière, et celle qu'il écrivit, mais n'envoya pas à Sophie d'Houdetot (on la lira plus loin), — la seule lettre d'amour que l'on possède de Jean-Jacques. Elle peint bien l'exalté, en même temps que l'incurable monomane :

« **Je me suis** exposé au danger de vous **revoir, et votre** vue a trop justifié mes craintes en **rouvrant** toutes les plaies de mon cœur : **J'ai achevé** de perdre auprès de vous le peu de raison qui me restait, et je sens que dans l'état où vous m'avez réduit je ne suis plus bon à rien qu'à vous adorer. Mon mal est d'autant plus triste que je n'ai ni l'espérance ni la volonté d'en guérir, et qu'au risque de tout ce qui en peut arriver il faut vous aimer éternellement. Je comprends mademoiselle qu'il n'y a de votre part à espérer aucun retour. Je suis un jeune homme sans fortune, je n'ai qu'un cœur à offrir, et ce cœur, tout plein de feu, de sentiments et de délicatesse qu'il puisse être, n'est pas, sans doute, un présent digne d'être reçu de vous ; je sens cependant, dans un fonds inépuisable de tendresse et dans un caractère toujours vif et toujours constant, des ressources pour le bonheur qui devraient auprès d'une maîtresse un peu sensible être comptées pour quelque chose en dédommagement des biens et de la figure qui me manquent. Mais quoi, vous m'avez

traité avec une dureté incroyable, et s'il vous
est arrivé d'avoir pour moi quelque espèce
de complaisance, vous me l'avez ensuite fait
acheter si cher que je jurerais bien que vous
n'avez eu d'autres vues que de me tourmenter ; tout cela me désespère sans m'étonner et
je trouve assez dans tous mes défauts de quoi
justifier votre insensibilité pour moi : mais
ne croyez pas que je vous taxe d'être insen-
sible en effet : non, votre cœur n'est pas
moins fait pour l'amour que votre visage, mon
désespoir est que ce n'est pas moi qui devais
le toucher ; je sais de science certaine que
vous avez eu des liaisons ; je sais même le
nom de cet heureux mortel qui trouva l'art de
se faire écouter ; et pour vous donner une idée
de ma façon de penser, c'est que je l'ai appris
par hasard, sans le rechercher, et que mon
respect pour vous ne me permettra jamais de
vouloir savoir autre chose de votre conduite
que ce qu'il vous plaira de m'en apprendre
vous-même. En un mot, si je vous ai
dit que vous ne seriez jamais religieuse,
c'est que je connaissais que vous n'étiez
en aucun sens faite pour l'être et si,
comme un amant passionné, je regarde avec
horreur cette pernicieuse résolution, comme
ami sincère et comme honnête homme,
je ne vous conseillerai jamais de prêter votre

consentement aux vues qu'on a sur vous à cet égard, parce qu'ayant certainement une vocation toute opposée vous ne feriez que vous préparer des regrets superflus et de longs repentirs. Je vous le dis comme je le pense au fond de mon âme et sans écouter mes propres intérêts ; si je ne puis être heureux personnellement je trouverais du moins mon bonheur dans le vôtre. Hélas ! Si vous vouliez m'écouter, j'ose dire que je vous ferais connaître la vraie félicité : personne ne saurait mieux la sentir que moi, et j'ose croire que personne ne la saurait mieux faire éprouver (*sic*). Dieux ! si j'avais pu parvenir à cette charmante possession, j'en serais mort assurément ! et comment trouver assez de ressources dans l'âme pour résister à ce torrent de plaisirs ! Mais si l'amour avait fait un miracle et qu'il m'eût conservé la vie, quelque ardent qu'il soit dans mon cœur, je sens qu'il aurait encore redoublé et, pour m'empêcher d'expirer au milieu de mon bonheur, il aurait à chaque instant porté de nouveaux feux dans mon sang. *Cette seule pensée le fait bouillonner, je ne puis résister aux pièges d'une chimère séduisante, votre charmante image me suit partout, je ne puis m'en défaire même en m'y livrant, elle me poursuit jusques pendant mon sommeil, elle agite mon cœur et mes esprits, elle con-*

*sume mon tempérament, et je sens en un mot
que vous me tuez malgré vous-même, et que,
soit cruauté réelle, soit bontés imaginaires,
le sort de mon amour est toujours de me faire
mourir...* (la voilà bien, la *libido !* »)

« Mais, hélas ! en me plaignant de mes
tourments, je m'en prépare de nouveaux ; je
ne puis penser à mon amour sans que mon
cœur et mon imagination s'échauffent et quelque résolution que je fasse de vous obéir en
commençant mes lettres, je me sens ensuite
emporté au delà de ce que vous exigez de moi;
auriez-vous la dureté de m'en punir ? Le ciel
pardonne les fautes involontaires, ne soyez pas
plus sévère que lui et comptez pour quelque
chose l'excès d'un penchant invincible qui me
conduit malgré moi bien plus loin que je ne
veux, et si loin même, que s'il était en mon
pouvoir de posséder une minute mon adorable Reine sous la condition d'être pendu un
quart d'heure après, j'accepterais cette offre
avec plus de joie que celle du Trône de l'Univers. Après cela je n'ai plus rien à vous dire
et il faudrait que vous fussiez un monstre de
barbarie pour me refuser au moins un peu
de pitié.

« L'ambition ni la fumée ne touchent point
mon cœur, j'avais résolu de passer le reste
de mes jours en philosophe dans une retraite

qui s'offrait à moi (?)... Vous avez détruit tous ces beaux projets, j'ai senti qu'il m'était impossible de vivre éloigné de vous et pour me procurer les moyens de m'en rapprocher, je tente un voyage et des projets que mon malheur ordinaire empêchera sans doute de réussir : mais puisque je suis destiné à me bercer de chimères, il faut du moins me livrer aux plus agréables, c'est-à-dire à celles qui vous ont pour objet. Daignez, mademoiselle, donner quelques marques de bonté à un amant passionné qui n'a commis d'autre crime envers vous que de vous trouver trop aimable. Donnez-moi une adresse ou permettez que je vous en donne une pour les lettres que j'aurai l'honneur de vous écrire, et pour les réponses que vous voudrez bien me faire, et en un mot laissez-moi par pitié quelque raison d'espérance quand ce ne serait que pour calmer les folies dont je suis capable.

« Ne me condamnez plus pendant mon séjour ici à vous voir si rarement, je n'y saurais tenir ; accordez-moi du moins dans les intervalles la consolation de vous écrire et de recevoir de vos nouvelles ; autrement je viendrai plus souvent au risque de tout ce qui en pourra arriver. Je suis logé chez la veuve Petit en rue Genti, à l'Épée royale ».

La déconvenue fut, nous l'avons vu, de courte durée. Il l'avait oubliée, le temps du voyage. Muni par ses amis lyonnais de lettres de recommandation, le voilà donc débarquant rue des Cordiers, à l'hôtel Saint-Quentin, place de la Sorbonne, et aussitôt en visites et en courses. Il a en poche quinze louis, une petite comédie, *Narcisse*, et son projet de notation chiffrée, son beau système d'écriture musicale.

Il en donna lecture à l'Académie, qui ne le jugea ni neuf, ni utile. Pour la deuxième fois, la fontaine de Héron est cassée. Mais le voilà en relations avec les académiciens, et par eux avec le beau monde... Ami de Fontenelle, de Condillac, de l'abbé de Mably, de Marivaux et surtout de Diderot... Chez Mme de Buzenval, sa fille, Mme de Broglie, le déclare aussitôt digne de faire figure à la grande table, et non à celle de l'office, où l'on a pensé d'abord le retenir.

Chez Mme Dupin, « une des plus belles femmes de Paris » fille du fermier général Samuel Bernard (1), et qui le reçoit à sa toilette, les bras nus, les cheveux épars et le pei-

(1) Mme Dupin est, — détail amusant, — la *belle-bisaïeule* de George Sand, qui sera entre toutes, et plus encore peut-être que Mme Roland, l'une des filles spirituelles de Jean-Jacques.

gnoir mal arrangé, on ne voit que gens de lettres célèbres et beautés fameuses, ducs, ambassadeurs, cordons bleus. Le paysan des Charmettes en est ébloui au point qu'il gardera, presque jusqu'à sa fin, le fétichisme de ces grands que secrètement il admire, il envie, du même cœur qu'il déclare les haïr, et qu'il les hait.

Aussi obscur et misérable avait été, douze ans auparavant, son premier séjour dans la capitale, aussi heureux s'annonce le second. L'élève de Mme de Warens et de Mme de Larnage fait son chemin. Il parle, et il plaît. Une de ses nouvelles connaissances, un jésuite, le père Castel, lui a donné le judicieux conseil, pour réussir, de se pousser par les femmes. Il n'y était que trop porté, et c'est tout juste si, nécessairement épris de Mme Dupin, il ne s'en fait pas rabrouer, ayant osé, par lettre, lui avouer son éblouissement.

Par chance, après avoir été quelques jours gouverneur intérimaire de son fils, il se lie avec le beau-fils, M. de Francueil, déménage pour habiter au plus près (rue Verdelet) et, tout en restant familier chez les Dupin, poursuit sa carrière mondaine, en musicaillant, et, à l'occasion, en recommençant à friponner... Puis une courte, mais grave maladie : une fluxion de poitrine, (les maladies, toute sa vie, seront désormais son lot), et soudain, par Mmes de Buzenval et de Broglie, une large, imprévue ouverture d'horizon. Le comte de Montaigu, ancien capitaine des Gardes, nommé ambassadeur à Venise, consent à le prendre comme secrétaire.

On est en mai 1743, Jean-Jacques a passé trente ans et le voilà en situation de réussir. Une porte s'entre-bâille, sur un chemin brillant : commis diplomate ? Tel, heureusement, n'était pas son destin. M. l'ambassadeur, ignorant et nul, au dire de Chuquet, était aussi, au dire de Faguet, un parfait imbécile « comme les papiers authentiques le démontrent surabondamment ». Rousseau, promptement au courant et maniant les affaires en véritable secrétaire, non seulement de l'ambassadeur, mais de l'ambassade, eut-il le tort de se donner des airs d'importance ? M. de Montaigu, arrogant et brutal, eut en tout cas celui de le rabrouer sans mesure, au point de le chasser et de ne point payer ses gages, non sans l'accuser « d'insolence, de présomption et de folie... » Rousseau eut beau, revenu à Paris, se plaindre et demander réparation. Il n'obtint qu'un recours : l'arrérage de ses appointements.

Déni de justice qui ne fut pas sans lui laisser dans l'âme « un germe d'indignation contre nos sottes institutions civiles, où le vrai bien public et la véritable justice sont toujours sacrifiés à je ne sais quel ordre apparent, destructif en effet, de tout ordre et qui ne fait qu'ajouter la sanction de l'autorité à l'oppression du faible et à l'iniquité du fort. »

Mais ce que, du séjour à Venise, il nous faut surtout retenir (avec une savoureuse peinture de mœurs dont la vivacité de touche rappelle par endroits celle de Casanova), c'est surtout, après la belle peur que lui fit une certaine Padoana, l'aventure fameuse de Zulietta, ou *la Courtisane ratée*, qui est bien l'une des pages les plus significatives de ce que j'appelle, par antiphrase, la Vie amoureuse de Jean-Jacques Rousseau, — grand romancier qui ne fut jamais, sur ce point, qu'un essayiste !

II

VENISE : LA PADOANA ET LA ZULIETTA. —
RETOUR A PARIS. — THÉRÈSE, FILLE D'AUBERGE

Jean-Jacques, durant les quinze mois qu'il
passe à Venise, n'eut, en dehors de quelques
velléités, — (un penchant pour une Mlle de
Cataneo, fille de l'agent du roi de Prusse, et
une curiosité vite déçue pour les jeunes chan-
teuses d'une *scuola*), — que ces deux bonnes
fortunes : la Padoana et la Zulietta. Il est
vrai, nous rappelle-t-il, que jamais ne le
quitta, tout ce temps, sa « funeste habitude
de donner le change à ses besoins. » Son esprit fertile, en le douant de tout un sérail, lui
permettait de se suffire à lui-même. Encore
la première de ces rencontres faillit-elle le
guérir à jamais de tous rapports féminins. Et
l'on verra que la seconde, pour lui causer
moins d'émoi, ne lui réussit guère davantage.

Ses amis lui vantaient, depuis longtemps, la gentillesse des courtisanes vénitiennes. Il n'y en avait pas qui les valussent au monde, affirmait un de ses collègues, Mantouan nommé Dominique Vitali. Jean-Jacques se laisse donc un soir entraîner, « contre son goût, son cœur, sa raison, sa volonté même, uniquement par faiblesse, et comme on dit dans ce pays-là, *per non parer troppo coglione...*

« La Padoana, chez qui nous allâmes, était d'une assez jolie figure, belle même, mais non pas d'une beauté qui me plût. Dominique me laissa chez elle ; je fis venir des *sorbetti*, je la fis chanter, et au bout d'une demi-heure je voulus m'en aller en laissant sur la table un ducat ; mais elle eut le singulier scrupule de n'en vouloir point qu'elle ne l'eût gagné, et moi la singulière bêtise de lever son scrupule. Je m'en retournai au palais si persuadé que j'étais poivré, que la première chose que je fis, en arrivant, fut d'envoyer chercher le chirurgien pour lui demander des tisanes. Rien ne peut égaler le malaise d'esprit que je souffris durant trois semaines sans qu'aucune incommodité réelle, aucun signe apparent le justifiât. Je ne pouvais concevoir qu'on pût sortir impunément des bras de la Padoana. Le chirurgien lui-même eut toute la peine imaginable à me rassurer. Il n'en put venir à bout qu'en me persuadant que j'étais conformé d'une façon particulière, à ne pouvoir aisément être infecté ; et quoique je me sois moins exposé peut-être qu'aucun autre homme à cette expérience, ma santé de ce côté n'ayant jamais reçu d'atteinte, m'est une preuve que le chirurgien avait raison. »

Voici la seconde aventure. Il dîne, un autre soir, à bord d'un vaisseau marchand, commandé par un capitaine Olivet. Au tiers du repas accoste une gondole, « d'où l'on voit sortir une jeune personne éblouissante, fort coquettement mise et fort leste, qui dans trois sauts fut dans la chambre, et je la vis établie à côté de moi avant que j'eusse aperçu qu'on y avait mis un couvert. Elle était aussi charmante que vive, une brunette de vingt ans au plus. Elle ne parlait qu'italien ; son accent seul eût suffi pour me tourner la tête. Tout en mangeant, tout en causant, elle me regarde, me fixe un moment, puis s'écriant : Bonne Vierge ! Ah mon cher Brémond, qu'il y a de temps que je ne t'ai vu ! se jette entre mes bras, colle sa bouche contre la mienne, et me serre à m'étouffer. Ses grands yeux noirs à l'orientale lançaient dans mon cœur des traits de feu, et quoique la surprise fît d'abord quelque diversion, la volupté me gagna très rapidement, au point que, malgré les spectateurs, il fallut bientôt que cette belle me contînt elle-même, car j'étais ivre ou plutôt furieux. Quand elle me vit au point où elle me voulait, elle mit plus de modération dans ses caresses, mais non dans sa vivacité, et quand il lui plut de nous expliquer la cause vraie ou fausse de toute cette pétulance, elle nous dit que je ressemblais, à s'y tromper, à M. de Brémond, directeur des douanes de Toscane, qu'elle avait raffolé de ce M. de Brémond, qu'elle en raffolait encore ; qu'elle l'avait quitté parce qu'elle était une sotte ; qu'elle me prenait à sa place ; qu'elle voulait m'aimer, parce que cela lui convenait ; qu'il fallait, par la même raison, que je l'aimasse, tant que cela lui conviendrait ; et que quand elle me planterait là, je prendrais patience, comme avait fait son cher Brémond. Ce qui fut dit fut fait. Elle prit possession de moi comme d'un homme à elle, me donna à garder ses gants, son éventail, son cinda, sa coiffe ; m'ordonnait d'aller ici ou là, de faire ceci ou cela, et j'obéissais. Elle me dit d'aller renvoyer sa gondole, parce qu'elle voulait se servir de la mienne, et j'y fus ; elle me dit de m'ôter de ma place et de prier Carrio de s'y mettre, parce qu'elle avait à lui parler, et je le fis. Ils causèrent très longtemps ensemble et tout bas ; je les laissai faire. Elle m'appela, je revins. Ecoute, Zanetto, me dit-elle, je ne veux point être aimée à la française, et même il n'y ferait pas bon. Au premier moment d'ennui, va-t'en ; mais ne reste pas à demi, je t'en avertis. Nous allâmes après le dîner voir la verrerie à Murano. Elle acheta beaucoup de petites breloques qu'elle nous laissa payer sans façon. Mais elle donna partout des tringueltes beaucoup plus forts que tout ce que nous avions dépensé. Par l'indifférence avec laquelle elle jetait son argent et nous laissait jeter le nôtre on voyait qu'il n'était d'aucun prix pour elle. Quand elle se faisait payer, je crois que c'était par vanité plus que par avarice. Elle s'applaudissait du prix qu'on mettait à ses faveurs.

« Le soir nous la ramenâmes chez elle. Tout en causant, je vis deux pistolets sur sa toilette. Ah ! ah ! dis-je, en en prenant un, voici une boîte à mouches de nouvelle fabrication ; pourrait-on savoir quel en est l'usage ? Je vous connais d'autres armes qui font feu mieux que celles-là. Après quelques plaisanteries sur le même ton, elle nous dit avec une naïve fierté, qui la rendait encore plus charmante : quand j'ai des bontés pour des gens que je n'aime point, je leur fais payer l'ennui qu'ils me donnent ; rien n'est plus juste : mais en endurant leurs caresses, je ne veux pas endurer leurs insultes, et je ne manquerai pas le premier qui me manquera.

« En la quittant j'avais pris son heure pour le lendemain. Je ne la fis pas attendre. Je la trouvai *in vestito di confidenza*, dans un déshabillé plus que galant, qu'on ne connaît que dans les pays méridionaux, et que je ne m'amuserai pas à décrire, quoique je me le rappelle trop bien. Je dirai seulement que ses manchettes et son tour de gorge étaient bordés d'un fil de soie garni de pompons couleur rose. Cela me parut animer une fort belle peau. Je vis ensuite que c'était la mode à Venise ; et l'effet en est si charmant, que je suis surpris que cette mode n'ait jamais passé en France. Je n'avais point d'idée des voluptés qui m'attendaient. J'ai parlé de Mme de Larnage dans les transports que son souvenir me rend quelquefois encore, mais qu'elle était vieille et laide et froide auprès de ma Zulietta ! Ne tâchez pas d'imaginer les charmes et les grâces de cette fille enchanteresse, vous resteriez trop loin de la vérité. Les jeunes vierges des cloîtres sont moins fraîches, les beautés du sérail sont moins vives, les houris du paradis sont moins piquantes. Jamais si douce jouissance ne s'offrit au cœur et aux sens d'un mortel. Ah ! du moins si je l'avais su goûter pleine et entière un seul moment !... Je la goûtai, mais sans charme. J'en émoussai toutes les délices ; je les tuai comme à plaisir. Non, la nature ne m'a point fait pour jouir ; elle a mis dans ma mauvaise tête le poison de ce bonheur ineffable dont elle a mis l'appétit dans mon cœur.

« S'il est une circonstance de ma vie qui peigne bien mon naturel c'est celle que je vais raconter. La force avec laquelle je me rappelle en ce moment l'objet de mon livre, me fera mépriser ici la fausse bienséance qui m'empêcherait de le remplir. Qui que vous soyez, qui voulez connaître un homme, osez lire les deux ou trois pages qui suivent, vous allez connaître à plein Jean-Jacques Rousseau.

« J'entrai dans la chambre d'une courtisane comme dans le sanctuaire de l'amour et de la beauté ; j'en crus voir la divinité dans sa personne. Je n'aurais jamais cru que sans respect et sans estime on pût rien sentir de pareil à ce qu'elle me fit éprouver. A peine eus-je connu, dans les premières familiarités, le prix de ses charmes et de ses caresses, que de peur d'en perdre le fruit d'avance, je voulus me hâter de le cueillir. Tout à coup, au lieu des flammes qui me dévoraient, je sens un froid mortel courir dans mes veines : les jambes me flageolent ; et prêt à me trouver mal, je m'assieds, et je pleure comme un enfant.

« Qui pourrait deviner la cause de mes larmes, et ce qui me passait par la tête en ce moment ? Je me disais : cet objet dont je dispose, est le chef-d'œuvre de la nature et de l'amour ; l'esprit, le corps, tout en est parfait ; elle est aussi bonne et généreuse qu'elle est aimable et belle. Les grands, les princes devraient être ses esclaves ; les sceptres devraient être à ses pieds. Cependant la voilà misérable coureuse, livrée au public ; un capitaine de vaisseau marchand dispose d'elle ; elle vient se jeter à ma tête, à moi qu'elle sait qui n'ai rien, à moi dont le mérite qu'elle ne peut connaître doit être nul à ses yeux. Il y a là quelque chose d'inconcevable. Ou mon cœur me trompe, fascine mes sens, et me rend la dupe d'une indigne salope, ou il faut que quelque défaut secret que j'ignore, détruise l'effet de ses charmes, et la rende odieuse à ceux qui devraient se la disputer. Je me mis à chercher ce défaut avec une contention d'esprit singulière, et il ne me vint pas même à l'esprit que la vérole pût y avoir part. La fraîcheur de ses chairs, l'éclat de son coloris,

la blancheur de ses dents, la douceur de son
haleine, l'air de propreté répandu sur toute
sa personne, éloignaient de moi si parfaitement cette idée, qu'en doute encore sur mon
état depuis la Padoana, je me faisais plutôt
un scrupule de n'être pas assez sain pour elle,
et je suis très persuadé qu'en cela ma conscience ne me trompait pas. Ces réflexions si
bien placées m'agitèrent au point d'en pleurer. Zulietta, pour qui cela faisait sûrement
un spectacle tout nouveau dans la circonstance, fut un moment interdite. Mais ayant
fait un tour de chambre et passé devant son
miroir, elle comprit, et mes yeux lui confir-
mèrent, que le dégoût n'avait point de part
à ce rat. Il ne lui fut pas difficile de m'en
guérir et d'effacer cette petite honte. Mais,
au moment que j'étais prêt à pâmer sur une
gorge qui semblait pour la première fois
souffrir la bouche et la main d'un homme,
je m'aperçus qu'elle avait un téton borgne.
Je me frappe, j'examine, je crois voir que ce
téton n'est pas conformé comme l'autre. Me
voilà cherchant dans ma tête comment on
peut avoir un téton borgne ; et, persuadé que
cela tenoit à quelque notable vice naturel, à
force de tourner et retourner cette idée, je vis,
clair comme le jour, que dans la plus charmante personne dont je pusse me former

l'image, je ne tenais dans mes bras, qu'une espèce de monstre, le rebut de la nature, des hommes et de l'amour. Je poussai la stupidité jusqu'à lui parler de ce téton borgne. Elle prit d'abord la chose en plaisantant, et dans son humeur folâtre dit et fit des choses à me faire mourir d'amour. Mais gardant un fonds d'inquiétude, tel que je ne puis lui cacher, je la vis enfin rougir, se rajuster, se redresser, et, sans dire un seul mot, s'aller mettre à sa fenêtre. Je voulus m'y mettre à côté d'elle ; elle s'en ôta, fut s'asseoir sur un lit de repos, se leva le moment d'après, et se promenant par la chambre, en s'éventant, me dit d'un ton froid et dédaigneux : « *Zanetto, lascia le donne, estudia la matématica.* »

« Laisse les femmes, et étudie la mathématique ! »... Rousseau ne suivit que trop tard cet avis plein de sagesse. Il lui restait à commettre les deux plus grandes bévues de sa carrière dite amoureuse. C'est-à-dire à s'acoquiner avec Thérèse Le Vasseur, et à compromettre, en se ridiculisant lui-même, la célèbre amante du marquis de Saint-Lambert, la comtesse Sophie d'Houdetot...

Au commencement d'octobre 1744, rentré à Paris, et réinstallé dans l'hôtel de la rue des

Cordiers, d'où il peut gagner les jardins ombreux du Luxembourg, il s'était remis à la composition d'un opéra, *les Muses Galantes,* abandonné pour la fugue à Venise... C'est à cet hôtel Saint-Quentin, où son travail le retient, qu'il fait connaissance de la mégère dont il a écrit, encore qu'elle ait été, pour la plus grande part, cause de sa malheureuse existence : « Là m'attendait la seule consolation que le ciel m'ait fait goûter dans la misère et qui seule me la rend supportable... » Tant il est vrai que pour certains hommes, et les plus grands parfois, lesquels sont souvent aussi les plus faibles, une compagne inférieure suffit, bien plus : est nécessaire ! Ils n'ont besoin que d'une servante, et tombent, en fin de compte, aux mains d'une *gouverneuse.*

« La nouvelle hôtesse, qui était d'Orléans, a pris pour travailler en linge une fille de son pays, d'environ vingt-deux à vingt-trois ans, qui mangeait avec nous ainsi que l'hôtesse. Cette fille, appelée Thérèse Le Vasseur, était de bonne famille. Son père était officier de la monnaie d'Orléans, sa mère était marchande. Ils avaient beaucoup d'enfants. La monnaie d'Orléans n'allant plus, le père se trouva sur le pavé ; la mère, ayant essuyé des banqueroutes, fit mal ses affaires, quitta le commerce, et vint à Paris avec son mari et sa fille qui les nourrissait tous trois de son travail.

« La première fois que je vis paraître cette fille à table, je fus frappé de son maintien modeste, et plus encore de son regard vif et doux, qui pour moi n'eut jamais son semblable. La table était composée, outre M. de Bonnefond, de plusieurs abbés irlandais, gascons, et autres gens de pareille étoffe. Notre hôtesse elle-même avait rôti le balai : il n'y avait que moi seul qui parlât et se comportât décemment. On agaça la petite ; je pris sa défense. Aussitôt les lardons tombèrent sur moi. Quand je n'aurais eu naturellement aucun goût pour cette pauvre fille, la compassion, la contradiction m'en auraient donné. J'ai toujours aimé l'honnêteté dans les manières et dans les propos, surtout avec le sexe. Je devins hautement son champion. Je la vis sensible à mes soins, et ses regards, animés par la reconnaissance qu'elle n'osait exprimer de bouche, n'en devenaient que plus pénétrants.

« Elle était très timide ; je l'étais aussi. La liaison que cette disposition commune semblait éloigner se fit pourtant très rapidement. L'hôtesse qui s'en aperçut, devint furieuse, et ses brutalités avancèrent encore mes affaires auprès de la petite, qui, n'ayant d'ap-

pui que moi seul dans la maison, me voyait
sortir avec peine, et soupirait après le retour
de son protecteur. Le rapport de nos cœurs, le
concours de nos dispositions eut bientôt fait
son effet ordinaire. Elle crut voir en moi un
honnête homme ; elle ne se trompa pas. Je
crus voir en elle une fille sensible, simple et
sans coquetterie ; je ne me trompai pas non
plus. Je lui déclarai d'avance que je ne l'a-
bandonnerais ni je ne l'épouserais jamais.
L'amour, l'estime, la sincérité naïve furent
les ministres de mon triomphe, et c'était
parce que son cœur était tendre et honnête
que je fus heureux sans être entreprenant.

« La crainte qu'elle eut que je ne me fâ-
chasse de ne pas trouver en elle ce qu'elle
croyait que j'y cherchais, recula mon
bonheur plus que toute autre chose. Je la vis
interdite et confuse avant de se rendre ; vouloir se faire entendre, et n'oser s'expliquer.
Loin d'imaginer la véritable cause de son embarras, j'en imaginais une bien fausse et
bien insultante pour ses mœurs, et croyant
qu'elle m'avertissait que ma santé courait des
risques, je tombai dans des perplexités qui ne
me retinrent pas, mais qui, durant plusieurs
jours empoisonnèrent mon bonheur. Comme
nous ne nous entendions point l'un l'autre, nos
entretiens à ce sujet étaient autant d'énigmes

et d'amphigouris plus que risibles. Elle fut prête à me croire absolument fou ; je fus prêt à ne savoir plus que penser d'elle. Enfin nous nous expliquâmes : elle me fit en pleurant l'aveu d'une faute unique au sortir de l'enfance, fruit de son ignorance et de l'adresse d'un séducteur. Sitôt que je la compris, je fis un cri de joie : pucelage ! m'écriai-je ; c'est bien à Paris, c'est bien à vingt ans qu'on en cherche ! Ah, ma Thérèse ! je suis trop heureux de te posséder sage et saine, et de ne pas trouver ce que je ne cherchais pas. »

Il croyait ne se donner qu'un amusement ! Il vit bientôt qu'il avait fait plus, et qu'il s'était donné « une compagne ». Mais quelle ? Thérèse, de l'avis de son maître (il lui alloue des gages, 12 livres 15 sous par mois, que d'ailleurs il ne lui paiera point) est stupide. « Je voulus d'abord former son esprit. J'y perdis ma peine. Son esprit est ce que l'a fait la nature : la culture et les soins n'y prennent pas. Je ne rougis pas d'avouer qu'elle n'a jamais bien su lire, quoiqu'elle écrive passablement (1). Quand j'allai loger dans la rue Neuve des Petits-Champs, j'avais à l'hôtel de Pont-Chartrain, vis-à-vis mes fenêtres,

---

(1) On s'en convaincra en lisant plus loin l'invraisemblable billet que, Rousseau mort, elle écrira au comte de Girardin pour lui réclamer le manuscrit des *Confessions*.

un cadran sur lequel je m'efforçai, durant plus d'un mois, à lui faire connaître les heures. A peine les connaît-elle encore à présent. Elle n'a jamais pu suivre l'ordre des douze mois de l'année, et ne connaît pas un seul chiffre, malgré tous les soins que j'ai pris pour les lui montrer. Elle ne sait ni compter l'argent, ni le prix d'aucune chose. Le mot qui vient en parlant est souvent l'opposé de celui qu'elle veut dire. »

Même il avait fait, vivant à Montlouis après l'échauffourée de l'Hermitage, un dictionnaire de ses phrases pour amuser Mme de Luxembourg, et les quiproquos de la commère étaient devenus célèbres, dans les sociétés où il vivait. Insupportablement bavarde, ses seuls talents se bornent à bien repriser le linge comme à mijoter de bons plats, qu'apprécie Jean-Jacques en homme qui n'a pas toujours mangé à sa faim. Quant au reste, (dit Faguet), « jalouse, médisante, acariâtre, disputeuse, susceptible, querelleuse, insociable, menteuse et dominée par sa famille, qui était une famille de malandrins. »

Elle trompera, semble-t-il bien, le confiant Jean-Jacques de son vivant. En tout cas, mort, elle sera bassement infidèle à sa mémoire. Digne sœur d'un frère qui fait main basse sur tout ce qui est à prendre. Et digne fille d'une mère qui est une sangsue, et, à l'insu du grand homme, extorquera de toutes mains, présents, pensions, etc... Voilà la nouvelle famille de Rousseau. Et voilà sa femme. Une mule bornée, mettant Pégase à son pas.

Contradictions de l'esprit ! C'est à cette époque même, — printemps de 1745, — qu'écrivant à Mme de Warens (il ne s'est pas encore désintéressé d'elle, lui reste aussi attaché que son faible cœur peut l'être), il jure ne songer qu'au bonheur de finir ses jours avec elle. En même temps, il emménage avec Thérèse, et lui promet, plus sincère peut-être, de ne l'abandonner jamais !

Jules Lemaître, qui avait beaucoup d'esprit, et qui, après avoir déchiqueté Jean-Jacques au cours de brillantes conférences, lui a, en fin de compte, rendu l'hommage d'un disciple, — d'un disciple honteux sans doute, mais, quand même, d'un disciple, — a finement noté les raisons qui *devaient* incliner l'amer et tendre philosophe vers Thérèse : « *il lui fallait* une femme qui lui fût inférieure socialement et de toutes façons. Une fille du peuple qui fût pauvre, et qui lui dût de la reconnaissance, et qui ne fît pas la délicate et la renchérie, et devant qui il n'eût pas honte de ses misères physiques ni de ses défaillances morales, et qui lui donnât les soins les plus intimes. » Et voilà pourquoi il *choisit* Thérèse.

Son orgueil autant que son humilité, l'une et l'autre enflés à l'excès, et dont l'une est l'inséparable doublure de l'autre, avaient besoin de la servante, comme sa santé, — précaire jusqu'à la trentaine et, depuis, sans cesse compromise, — nécessitait une *infirmière*. Ce n'est point grandeur d'âme, c'est donc calcul plus ou moins conscient qui, d'abord, le détermina. Enfin, *une fois attaché au pieu qu'il a planté*, il y demeure tout en y voyant clair, mais en se persuadant, durant qu'il tourne, que voilà justement le centre de sa vie.

III

LE MÉNAGE DE ROUSSEAU. — LES ŒUVRES
ENTREPRISES ET LES ENFANTS ABANDONNÉS

Rousseau n'habita pas, aux débuts, avec
Thérèse. D'abord il a « la sotte honte » de
n'oser se montrer avec elle en public. Seule
l'importune présence de la mère Le Vasseur le
pousse à de petites promenades champêtres, à
de petits goûters qui lui sont délicieux. Bientôt « cette douce intimité » va lui tenir lieu de
tout. Il habite rue Plâtrière, hôtel Saint-Es-
prit, à la porte des Dupin. Il ne sort plus que
pour aller chez la vieille, où maintenant Thérèse vit. Il travaille en enragé, achève les
Muses Galantes, entre, par M. de la Popelinière, en relations avec Rameau, puis Voltaire, et retape, pour une fête de la Cour (c'est
l'hiver qui suit la bataille de Fontenoy), leur

vieil opéra : *la Princesse de Navarre*, rhabillée sous ce titre : *les Fêtes de Ramire.*

Peu après, ayant perdu son père, il entre en possession de ce qui lui restait revenir du bien maternel, et partage cet argent avec « l'adorable Maman » à laquelle il écrit toujours, — sa pauvre Mme de Warens devenue le jouet des fripons, — et avec la bande dont lui-même est la proie : toute la nichée des Le Vasseur, fils, filles, petites-filles, sœurs, accourus d'Orléans, prendre sa part de la pitance !

Rousseau est du coup obligé d'entrer, comme secrétaire, au service de Mme Dupin et de M. de Francueil, les suit à Chenonceaux, où il paye sa vie de château de petites comédies et de trios à chanter, se lie avec les amis de ses amis et, tout en restant bien avec Mme de Francueil, sympathise avec sa rivale, Mme d'Épinay, maigre et sèche personne, aux ardents et spirituels yeux noirs qui, déjà « bas-bleu » jouera plus tard, dans l'existence littéraire de notre futur philosophe, un rôle si important.. Elle tenait de son mari, fermier-général, une maladie secrète qu'elle avait innocemment communiquée à son amant Francueil. Il lui donna en retour, sans méchanceté, l'amitié de Jean-Jacques. Mme d'Épinay deviendra bientôt la châtelaine

de la Chevrette, la donatrice de l'Hermitage...
Mais pas plus que Rousseau, elle ne se doute
encore du rapprochement de leurs destinées.
Pas davantage il n'imagine à quel point le
troublera une autre personne alors rencon-
trée aussi chez les Francueil, — cette Mlle Sophie de Bellegarde, future belle-sœur de
Mme d'Épinay qu'il immortalisera, quand elle
sera la comtesse d'Houdetot.

Cependant, tandis qu'il engraisse à Chenonceaux, chez Mme Dupin, Thérèse « en-
graissait à Paris d'une autre manière ». Rousseau, en revenant, trouva « l'ouvrage qu'il
avait mis sur le métier plus avancé qu'il ne
l'eût cru. » Le voilà, vu sa situation précaire
encore, dans un embarras extrême. Il mangeait alors chez une Mme de la Selle, dont la
table d'hôte, fréquentée par de gais camarades, voisinait avec la boutique de la Du-
chapt, célèbre marchande de modes qui avait
de très jolies filles avec lesquelles on allait
causer avant ou après dîner : lui-même « s'y
serait amusé comme les autres », s'il eût été
plus hardi... Ses commensaux, du moins, lui
fournirent la seule ressource qui le pouvait
tirer d'ennui :

« On apprenait là des foules d'anecdotes
très amusantes, et j'y pris aussi peu à **peu**,
non, grâces au ciel, jamais les mœurs, mais

les maximes que j'y vis établies. D'honnêtes
personnes mises à mal, des maris trompés,
des femmes séduites, des accouchements clan-
destins, étaient là des textes les plus ordinaires et celui qui pelait le mieux les enfants-
trouvés, était toujours le plus applaudi. Cela
me gagna. Je formai ma façon de penser sur
celle que je voyais en règne chez des gens très
aimables, et dans le fond très honnêtes gens,
et je me dis : « puisque c'est l'usage du pays,
quand on y vit, on peut le suivre. » Voilà
l'expédient que je cherchais. Je m'y détermi-
nai gaillardement sans le moindre scrupule ;
et le seul que j'eus à vaincre, fut celui de Thérèse à qui j'eus toutes les peines du monde de
faire adopter cet unique moyen de sauver
son honneur. Sa mère, qui de plus craignait
un nouvel embarras de marmaille, étant venue à mon secours, elle se laissa vaincre. On
choisit une sage-femme prudente et sûre, appelée Mlle Gouin, qui demeurait à la pointe
Saint-Eustache, pour lui confier ce dépôt ; et
quand le temps fut venu, Thérèse fut menée
par sa mère chez la Gouin pour y faire ses
couches. J'allai l'y voir plusieurs fois, et je
lui portai un chiffre que j'avais fait à double
sur deux cartes, dont une fut mise dans les
langes de l'enfant, et il fut déposé par la
sage-femme au bureau des Enfants-Trouvés

dans la forme ordinaire. L'année suivante, même inconvénient et même expédient, au chiffre près qui fut négligé. Pas plus de réflexion de ma part, pas plus d'approbation de celle de la mère, elle obéit en gémissant. On verra successivement toutes les vicissitudes que cette fatale conduite a produites dans ma façon de penser ainsi que dans ma destinée. »

En attendant, nul émoi. Personne ne s'attendrissait alors sur la disparition des enfants confiés à l'assistance de l'État. Le *tour* jouait. Et le temps que le paquet de chair, déposé dans la rue, fut recueilli de l'autre côté, adieu regrets !... De remords, nul n'en parlait encore... La dureté des mœurs était telle qu'aux pauvres gens tout pouvait être « peine et misère », la religion ni la philosophie ne s'en émouvaient pas... La disproportion des sorts, l'inégalité des conditions faisaient loi.

C'est de Rousseau, et de ses remords — *nouveaux* pour le siècle, — qu'est née la plus haute morale *au nom de laquelle nous le jugeons*. Peut-être faut-il encore dire à sa décharge qu'enfant quasi sans famille, demi-orphelin tôt abandonné à lui-même, vivant enfin dans une société dont les œuvres personnelles d'assistance ne lui avaient pas été inutiles, il suivit, simplement, l'ornière publique, tout en commençant à creuser, en lui-même,

le sillon où lèvera le bon grain... **Si riche ré-
colte que l'Humanité, bientôt, en fera son
blé !**

En 1749, Rousseau, collaborant **à** *l'Ency-
clopédie*, va voir au donjon de Vincennes,
Diderot emprisonné pour ses hardiesses, s'en-
tretient avec lui d'un thème proposé par l'A-
cadémie de Dijon : *Si le progrès des Sciences
et des Arts a contribué à corrompre ou à épu-
rer les mœurs...* Tout échauffé de fièvre et
d'inspiration le voilà, rentré chez lui, qui en-
fourche son dada, et rompt des lances au
travers des hauts moulins. Elles feront fra-
cas, dans ce retentissant discours où le grand
écrivain s'ébauche, encore qu'il l'ait jugé
manquer absolument de logique et d'ordre,
« le plus faible de raisonnement et le plus
pauvre de nombre et d'harmonie... »

Durant qu'il travaille à ce premier plai-
doyer contre la Société, notons cependant
que, s'il s'y atteste l'Amant de la Nature,
Jean-Jacques n'est pas encore celui de la
Vertu, à en juger par les petites orgies de la
rue des Moineaux, qu'il fait avec Grimm et
son ami le ministre Klupfell, chapelain du
duc de Saxe-Cobourg-Gotha.

Or, c'est précisément le temps où, après
l'abandon de son deuxième enfant, il vient
de se mettre en ménage avec Thérèse, rue de

Grenelle, à l'Hôtel Saint-Honoré : « Le cœur de ma Thérèse était celui d'un ange ; notre attachement croissait avec notre intimité, et nous sentions davantage de jour en jour combien nous étions faits l'un pour l'autre. Si nos plaisirs pouvaient se décrire, ils feraient rire par leur simplicité. Nos promenades tête à tête hors de la ville, où je dépensais magnifiquement huit ou dix sols à quelques guinguettes ; nos petits soupers à la croisée de ma fenêtre, assis en vis-à-vis sur deux petites chaises posées sur une malle qui tenait la largeur de l'embrasure. Dans cette situation la fenêtre nous servait de table ; nous respirions l'air, nous pouvions voir les environs, les passants ; et, quoiqu'au quatrième étage, plonger dans la rue tout en mangeant. Qui décrira, qui sentira les charmes de ces repas, composés pour tout mets d'un quartier de gros pain, de quelques cerises, d'un petit morceau de fromage et d'un demi-setier de vin que nous buvions à nous deux ? Amitié, confiance, intimité, douceur d'âme, que vos assaisonnements sont délicieux ! Quelquefois nous restions là jusqu'à minuit sans y songer et sans nous douter de l'heure, si la vieille maman ne nous en eût avertis... »

Bon ! mais la page tournée, on lit : « Klupfell avait mis dans ses meubles une petite fille qui ne laissait pas d'être à tout le monde, parce qu'il ne pouvait l'entretenir à lui seul. Un soir, en entrant au café, nous le trouvâmes qui en sortait pour aller souper avec elle. Nous le raillâmes ; il s'en vengea galamment en nous mettant du même souper, et puis nous raillant à son tour. Cette pauvre créature me parut d'un assez bon naturel, très douce et peu faite à son métier, auquel une sorcière qu'elle avait avec elle la stylait de son mieux. Les propos et le vin nous égayèrent au point que nous nous oubliâmes. Le bon Klupfell ne voulut pas faire ses honneurs à demi, et nous passâmes tous trois successivement dans la chambre voisine avec la pauvre petite, qui ne savait si elle devait rire ou pleurer... Je sortis de la rue des Moineaux où logeait cette fille, aussi honteux que Saint-Preux sortit de la maison où on l'avait enivré, et je me rappelai bien mon histoire en écrivant la sienne. Thérèse s'aperçut à quelque signe, et surtout à mon air confus, que j'avais quelque reproche à me faire. J'en allégeai le poids par ma franche et prompte confession... Je n'essuyai de sa part que des reproches touchants et tendres, dans lesquels je n'aperçus jamais la moindre trace de dépit... »

L'an d'après, comme il ne songeait plus à

son *Discours sur les Sciences et les Arts*, il emporte le prix, et Diderot fait imprimer le libellé. Ce ne fut pas seulement un scandale général, mais, au dire de Garat, « l'admiration et une sorte de terreur universelle ». Succès si foudroyant que sa chambre ne désemplit pas ! Les femmes emploient mille ruses pour l'avoir à dîner. Plus il brusque les gens, plus ils s'obstinent... Il eut pu se « montrer, comme Polichinelle, à tant par personne. »

Grisé ? Non... Mais comme dégoûté de la veulerie et des politesses de l'ancien Rousseau. Il change alors, tout d'une pièce, fait de son incurable fausse honte insolente roideur... Pourquoi ? C'est qu'avec le retour qu'après le vertueux *Discours* il fait sur lui-même, intervient dans son existence la troisième grossesse de Thérèse, et le troisième abandon paternel. Le triomphe du Discours, déclare-t-il, « réveilla toutes les idées qui me l'avaient dicté, les anima d'une nouvelle force, et acheva de mettre en fermentation dans mon cœur ce premier levain d'héroïsme et de vertu, que mon père et ma patrie et Plutarque y avaient mis dans mon enfance. Je ne trouvai plus rien de grand et de beau que d'être libre et vertueux, au-dessus de la fortune et de l'opinion, et de se suffire à soi-

même. Quoique la mauvaise honte et la
crainte des sifflets m'empêchassent de me
conduire d'abord sur ces principes, et de
rompre brusquement en visière aux maximes
de mon siècle, j'en eus dès lors la volonté dé-
cidée. »

Tandis qu'il philosophe sur les devoirs de
l'homme, son troisième enfant naît. Au tour !
Mais agit-il conformément aux lois de la Nature ? Déjà il se le demande, ne voulant pas
démentir ses principes par ses actes :

« Je me mis à examiner la destination de
mes enfants, et mes liaisons avec leur mère,
sur les lois de la nature, de la justice et de la
raison, et sur celles de cette religion pure,
sainte, éternelle comme son auteur, que les
hommes ont souillée en feignant de vouloir
la purifier, et dont ils n'ont plus fait, par leurs
formules, qu'une religion de mots, vu qu'il en
coûte peu de prescrire l'impossible, quand on
se dispense de le pratiquer.

« Si je me trompai dans mes résultats, rien
n'est plus étonnant que la sécurité d'âme avec
laquelle je m'y livrai. Si j'étais de ces hommes
mal nés, sourds à la douce voix de la nature,
au dedans lesquels aucun vrai sentiment de
justice et d'humanité ne germa jamais, cet
endurcissement serait tout simple. Mais cette
chaleur de cœur, cette sensibilité si vive, cette

facilité à former des attachements ; cette force avec laquelle ils me subjuguent ; ces déchirements cruels quand il les faut rompre ; cette bienveillance innée pour mes semblables ; cet amour ardent du grand, du vrai, du beau, du juste ; cette horreur du mal en tout genre ; cette impossibilité de haïr, de nuire et même de le vouloir ; cet attendrissement, cette vive et douce émotion que je sens à l'aspect de tout ce qui est vertueux, généreux, aimable ; tout cela peut-il jamais s'accorder dans la même âme avec la dépravation qui fait fouler aux pieds sans scrupule le plus doux des devoirs ? Non, je le sens et je le dis hautement ; cela n'est pas possible. Jamais un seul instant de sa vie Jean-Jacques n'a pu être un homme sans sentiment, sans entrailles, un père dénaturé. J'ai pu me tromper, mais non m'endurcir... Je crus faire un acte de citoyen et de père, et je me regardai comme un membre de la république de Platon. »

Les Le Vasseur, ayant fait confidence à Mme Dupin, il insiste, dans la fameuse lettre à Mme de Francueil :

« Oui, Madame, j'ai mis mes enfants aux Enfants-Trouvés ; j'ai chargé de leur entretien l'établissement fait pour cela. Si ma misère et mes maux m'ôtent le pouvoir de remplir un soin si cher, c'est un malheur dont il faut me plaindre, et non un crime à me reprocher. Je leur dois la subsistance ; je la leur ai procurée meilleure ou plus sûre au moins que je n'aurais pu la leur donner moi-même : cet article est avant tout. Ensuite vient la déclaration de leur mère, qu'il ne faut pas déshonorer.

« Vous connaissez ma situation ; je gagne au jour la journée mon pain avec assez de peine ; comment nourrirais-je encore une famille ? Et si j'étais contraint de recourir au métier d'auteur, comment les soucis domestiques et les tracas des enfants me laisseraient-ils, dans mon grenier, la tranquillité d'esprit nécessaire pour faire un travail lucratif? Les écrits que dicte la faim ne rapportent guère, et cette ressource est bientôt épuisée. Il faudrait donc recourir aux protections, à l'intrigue, au manège ; briguer quelque vil emploi ; le faire valoir par les moyens ordinaires, autrement il ne me nourrira pas, et me sera bientôt ôté ; enfin, me livrer moi-même à toutes les infamies pour lesquelles je suis pénétré d'une si juste horreur. Nourrir, moi, mes enfants et leur mère, du sang des misérables ! Non, Madame, il vaut mieux qu'ils soient orphelins que d'avoir pour père un fripon.

« Accablé d'une maladie douloureuse et

mortelle, je ne puis espérer encore une longue vie ; quand je pourrais entretenir, de mon vivant, ces infortunés destinés à souffrir un jour, ils payeraient chèrement l'avantage d'avoir été tenus un peu plus délicatement qu'ils ne pourront l'être où ils sont. Leur mère, victime de mon zèle indiscret, chargée de sa propre honte et de ses propres besoins, presque aussi valétudinaire, et encore moins en état de les nourrir que moi, sera forcée de les abandonner à eux-mêmes ; et je ne vois pour eux que l'alternative de se faire décrotteurs ou bandits, ce qui revient bientôt au même. Si du moins leur état était légitime, ils pourraient trouver plus aisément des ressources. Ayant à porter à la fois le déshonneur de leur naissance et celui de leur misère, que deviendront-ils ?

« Que ne me suis-je marié, me direz-vous ? Demandez à vos injustes lois, Madame. Il ne me convenait pas de contracter un engagement éternel, et jamais on ne me prouvera qu'aucun devoir m'y oblige. Ce qu'il y a de certain, c'est que je n'en ai rien fait, et que je n'en veux rien faire. « Il ne faut pas faire des enfants quand on ne peut pas les nourrir. » Pardonnez-moi, Madame ; la nature veut qu'on en fasse, puisque la terre produit de quoi nourrir tout le monde : mais c'est l'état des riches, c'est votre état qui vole au mien le pain de mes enfants. La nature veut aussi qu'on pourvoie à leur subsistance : voilà ce que j'ai fait ; s'il n'existait pas pour eux un asile, je ferais mon devoir et me résoudrais à mourir de faim moi-même plutôt que de ne pas les nourrir.

« Ce mot d'Enfants-Trouvés vous en imposerait-il, comme si l'on trouvait ces enfants dans les rues, exposés à périr si le hasard ne les sauve ? Soyez sûre que vous n'auriez pas plus d'horreur que moi pour l'indigne père qui pourrait se résoudre à cette barbarie : elle est trop loin de mon cœur pour que je daigne m'en justifier. Il y a des règles établies ; informez-vous de ce qu'elles sont, et vous saurez que les enfants ne sortent des mains de la sage-femme que pour passer dans celles d'une nourrice. Je sais que ces enfants ne sont pas élevés délicatement : tant mieux pour eux, ils en deviennent plus robustes ; on ne leur donne rien de superflu, mais ils ont le nécessaire ; on n'en fait pas des messieurs, mais des paysans ou des ouvriers. Je ne vois rien, dans cette manière de les élever, dont je ne fisse choix pour les miens. Quand j'en serais le maître, je ne les préparais point, par la mollesse, aux maladies que donnent la fatigue et les intempéries de l'air à ceux qui n'y sont pas faits. Ils ne sauraient ni danser ni monter à cheval ; mais ils auraient de bonnes jambes infatigables. Je n'en ferais ni des auteurs ni des gens de bureau ; je ne les exercerais point à manier la plume, mais la charrue, la lime ou le rabot, instruments qui font mener une vie saine, laborieuse, innocente, dont on n'abuse jamais pour mal faire, et qui n'attire point d'ennemis en faisant bien. C'est à cela qu'ils sont destinés ; par la rustique éducation qu'on leur donne, ils seront plus heureux que leur père.

« Je suis privé du plaisir de les voir, et je n'ai jamais savouré la douceur des embrassements paternels. Hélas ! je vous l'ai déjà dit, je ne vois là que de quoi me plaindre, et je les délivre de la misère à mes dépens. Ainsi voulait Platon que tous les enfants fussent élevés dans sa République ; que chacun restât inconnu à son père, et que tous fussent les enfants de l'État. Mais cette éducation est vile et basse ! Voilà le grand crime ; il vous en impose comme aux autres ; et vous ne voyez pas que, suivant toujours les préjugés du monde, vous prenez pour le déshonneur du vice ce qui n'est que celui de la pauvreté. »

Curieuse lettre où, devançant non point seulement la Révolution même, mais le Communisme, Rousseau ébauche les lois futures, entre autres, celle que le Bolchevisme même n'a pas osé appliquer intégralement : l'Enfant, propriété nationale, et celle qui demeurera l'honneur des Soviets : le travail de chacun, au service de tous.

Tels furent, avec une autre dernière raison, les mobiles qui le firent persévérer dans son obstination, pour le quatrième, puis le cinquième enfants, ces deux derniers nés entre 1751 et 1755. Il ne dévoilera que plus tard cette autre, dernière raison de sa conduite, et à ses yeux la principale : Les enfants (qu'ils fussent de Thérèse seule ou des deux) mal venus dans l'accapareuse tribu des Le Vasseur, la grand'mère poussant à la suppression de ces bouches intruses, la fille passive, Rousseau lui-même frémissant de livrer ses petits « à une famille si mal élevée pour en être élevés encore plus mal... Les risques de l'éducation des Enfants-Trouvés étaient beaucoup moindres. Cette raison du parti que je pris, plus forte que toutes celles que j'énonçai dans ma lettre à Mme de Francueil, fut pourtant la seule que je n'osai lui dire. J'aimai mieux être moins disculpé d'un blâme aussi grave et ménager la famille d'une personne que j'aimais. »

Peut-être aussi et enfin, demi-impuissant, eut-il, avec ou sans cause, des doutes sur la fidélité de Thérèse et le bien-fondé de sa paternité ? Doutes que plutôt que de rendre publics en se rendant lui-même ridicule, il préféra orgueilleusement enfouir au plus profond, aimant encore mieux passer pour père sans entrailles que pour parrain complaisant ? Certains croient à cette explication, qui ferait mieux comprendre l'abandon.

Père réel ou non des enfants de Thérèse, je pense, pour ma part, étant donné l'amour-propre autant que la sensibilité de Rousseau, qu'il n'a pu, sa décision prise et une première fois exécutée, se soustraire à l'engrenage. Il lui fallait, coûte que coûte, aller jusqu'au bout, pour éviter à son esprit de justice comme à son cœur, des remords pires encore que ceux dont il souffrit. Car on sent bien, sous tous ces voiles d'excuses, percer le sentiment de l'irrémédiable faiblesse, la gêne d'une conscience mal à l'aise. Les aveux de la *Correspondance* et de l'*Émile* achèveront de nous révéler le chemin fait, au cours des ans, dans l'âme du pauvre homme, devenu sur sa fin une sorte de saint laïque, un toujours pauvre, mais véritable grand homme.

Toujours est-il que la réforme morale de Jean-Jacques, comme celle de son costume (perruque ronde et mal peignée, grande barbe, gros bas et habit gris), date de ces premiers troubles. Les voici jetés, désormais sans répit, en cet esprit loyal. Dès lors, — en même temps que le suprême assaut de sa névrose « actuelle », que le furieux combat des tendances refoulées et de leur *libido* avec le grandissant contrôle de la conscience, avec l'âme de vertu qui s'affirme, — le tourmenteront l'éveil du sentiment paternel et les secrets reproches de son cœur... L'intuition aussi du trop frappant contraste entre ses instinctives, hautes idées, et l'illogisme de ses actes... Sans doute encore, aggravant la lente crise morale, les souffrances de ses perpétuelles maladies, si courageusement supportées...

N'oublions pas qu'il endure, depuis l'adolescence, toutes sortes de maux (coliques néphrétiques, vomissements, vertiges) et, particulierement, cette incommodité d'uriner, qui le fait un perpétuel terrain de sondes et de bougies, l'oblige à des cures d'eau (il va les prendre à la campagne de Passy), l'empêchera même d'exploiter l'éclatant succès du *Devin de Village*...

Les musiciens du Roi en avaient donné la première représentation au petit théâtre du château de Fontainebleau (1751). Il y assiste « dans son négligé ordinaire », mais, le lendemain, devant être reçu par Sa Majesté qui

le voulait féliciter et pensionner, il n'ose se
rendre à l'audience, crainte d'y être saisi de
quelque accès de son infirmité. Incontinence
d'urine ? Sans doute. Et aussi quelque réten-
tion de l'orgueil. Sa maladie, comme son in-
transigeante humeur, se trouvent ici d'accord.

Jean-Jacques déclare ne plus vouloir dépen-
dre que de lui. Et de refuser une place de
caissier offerte par M. de Francueil à la Direction des Finances. En même temps, — se sou-
venant du Père Antonin, ce bon M. Rolichon
qui lui avait fait transcrire ses premières notes,
— il élit un métier de tout repos, à domicile.
Le voilà copiste de musique. Seconde profession qui lui permettra, dorénavant, de poursuivre celle que, disant définitivement adieu
à la musique, il embrasse : la Philosophie et
le Roman, — transposition magnifique de sa
lamentable vie.

IV

Jean-Jacques est déjà « *l'ours* » qui, quelques années après, refusera, avec pompe, le gibier du prince de Conti, qui coupera le compliment du duc de Deux-Ponts, en lui disant : « Faites-le, mais qu'il soit court ! » qui blessera mortellement le baron d'Holbach, en le trouvant « trop riche... »

1753 ! Année de la philosophie. Jean-Jacques public dans le Dictionnaire Encyclopédique ce long essai de l'*Economie politique*, mine si vaste qu'il en tirera les années suivantes les matériaux du *Discours sur l'origine et l'inégalité des Conditions* et, plus tard, ceux du *Contrat Social*, destinés à influer tous deux, si profondément, sur la sensibilité de l'époque.

Année aussi du voyage à Genève, à son regard parée des vertus d'une nouvelle Rome... Il commença par une aventure inattendue : Thérèse, qui l'accompagne, scandaleusement courtisée par l'ami Gauffecourt, celui-là même auquel il dut d'aimer Voltaire (Voltaire qui sera bientôt, avec ses camarades Diderot et Grimm, sa plus grande haine) :

« Je dois noter ce voyage comme l'époque de la première expérience qui, jusqu'à l'âge de quarante-deux ans que j'avais alors, ait porté atteinte au naturel pleinement confiant avec lequel j'étais né, et auquel je m'étais toujours livré sans réserve et sans inconvénient. Nous avions un carrosse bourgeois qui nous menait avec les même chevaux à très petites journées. Je descendais et marchais souvent à pied. A peine étions-nous à la moitié de notre route, que Thérèse marqua la première grande répugnance à rester seule dans la voiture avec Gauffecourt, et que quand, malgré ses prières, je voulais descendre, elle descendait et marchait aussi. Je la grondai longtemps de ce caprice, et même je m'y opposai tout à fait, jusqu'à ce qu'elle se vît forcée enfin à m'en déclarer la cause. Je crus rêver, je tombai des

nues quand j'appris que mon ami Gauffecourt, âgé de plus de soixante ans, podagre,
impotant, usé de plaisirs et de jouissances,
travaillait depuis notre départ à corrompre une
personne qui n'était plus ni belle ni jeune,
qui appartenait à son ami, et cela par les
moyens les plus bas, les plus honteux, jusqu'à lui présenter sa bourse, jusqu'à tenter
de l'émouvoir par la lecture d'un livre abo-
minable, et par la vue des figures infâmes dont
il était plein. Thérèse indignée lui lança une
fois son vilain livre par la portière, et j'appris
que le premier jour une violente migraine
m'ayant fait aller coucher sans souper, il
avait employé tout le temps de ce tête-à-tête
à des tentatives et des manœuvres plus dignes
d'un satyre ou d'un bouc que d'un honnête
homme, auquel j'avais confié ma compagne
et moi-même. »

L'innocent Rousseau en tomba des nues,
tout meurtri. Gauffecourt fut du coup planté
là à Lyon, d'où le carrosse prit la route de
Savoie, pour saluer, au passage, Mme de Warens. « Je la revis... Dans quel état, mon
Dieu ! Quel avilissement. » En vain la pressa-
t-il de venir vivre paisiblement avec lui, qui
voulait « consacrer ses jours et ceux de Thérèse à la rendre heureuse... » Que Rousseau
fût sincère, nul doute. Que la proposition en-

chantât moins Thérèse, il est probable. Qui sait même si l'histoire Gauffecourt ne fut point grossie par elle à plaisir (on sait qu'elle était laide) pour se faire valoir, avant une rencontre qu'elle devait tenir pour peu souhaitable ? Une dernière fois Jean-Jacques revit l'ombre de Maman, ce fut à Grange-Canal comme elle allait en Chablais, durant qu'il était à Genève :

« Elle manquait d'argent pour achever son voyage ; je n'avais pas sur moi ce qu'il fallait pour cela, je le lui envoyai une heure après par Thérèse. Pauvre maman ! Que je dise encore ce trait de son cœur. Il ne lui restait pour dernier bijou qu'une petite bague ; elle l'ôta de son doigt pour la mettre à celui de Thérèse, qui la remit à l'instant au sien, en baisant cette noble main qu'elle arrosa de ses pleurs. Ah ! c'était alors le moment d'acquitter ma dette ! il fallait tout quitter pour la suivre, m'attacher à elle jusqu'à sa dernière heure, et partager son sort, quel qu'il fût. Je n'en fis rien. Distrait par un autre attachement, je sentis relâcher le mien pour elle, faute d'espoir de pouvoir le lui rendre utile. Je gémis sur elle, et ne la suivis pas. De tous les remords que j'ai sentis en ma vie, voilà le plus vif et le plus permanent. Je méritai par là les châtiments terribles qui depuis lors n'ont cessé de m'accabler; puissent-ils avoir expié mon ingratitude ! elle fut dans ma conduite, mais elle a trop déchiré mon cœur pour que jamais ce cœur ait été celui d'un ingrat. »

Hélas ! en dépit de quelques derniers secours, et de billets raréfiés, ce fut celui d'un oublieux. Mme de Warens était morte depuis plusieurs mois lorsqu'en 1762 il s'avisera, pour la dernière fois, de demander de ses nouvelles à leur vieil ami commun, M. de Conzié. En vain alla-t-il, plus tard, pleurer sur sa tombe, Rousseau ne paya sa dette qu'en image. Il est vrai que ce fut la plus séduisante du monde.

A Genève, sa rentrée fut triomphale. Fêté, caressé de tous, il se livre « à l'enthousiasme républicain qui l'y avait amené », à la gloire d'en redevenir citoyen. Mais il fallait, pour ce, redevenir au préalable protestant. Formalité. Jamais Jean-Jacques n'eut d'autre religion véritable que la naturelle, l'Évangile lui paraissant le même pour tous. « Les chrétiens et le fonds du dogme n'étaient différents qu'en ce qu'on se mêlait d'expliquer ce qu'on ne pouvait entendre. » Le 1er août 1754, il abjure le catholicisme du Spirito-Santo et réintègre, en même temps qu'il est inscrit au rôle des citoyens, la religion de ses pères. Il remerciait l'an d'après les « Magnifiques Seigneurs » du Petit Conseil, en leur dédiant le *Discours sur l'origine et l'Inégalité des Conditions.* De quoi on le congratula, mais sans chaleur. Jean-Jacques, en proclamant tous les êtres égaux, venait de se bannir virtuellement lui-même de tous les États souverains, Républiques comprises.

C'est pourquoi, — préférant, à l'établissement dans sa ville natale où le médecin Tronchin s'offrait à le faire nommer bibliothécaire, un refuge dans les bois, — il accepte d'aller habiter, près du château de la Chevrette, chez Mme d'Epinay. Les grandes dames, même celles de la Finance, qui tenaient bureau d'esprit, se piquaient alors d'avoir un littérateur dans leur maison, comme elles avaient un bichon, ou « un sapajou ». Toute fière d'apprivoiser « un ours », Mme d'Epinay lui a fait la surprise de mettre en état pour lui un pavillon que, l'année d'avant, Jean-Jacques a remarqué au bout du parc, touchant la forêt de Montmorency. Le 9 avril 1756 il s'y installe, avec ses « gouverneuses » (1) qui jamais ne s'y firent, détestant la campagne autant qu'il l'adorait. Et ce n'est point peu dire.

Le revoilà, comme aux Charmettes, en pleine nature. Les premiers temps qu'il passe là sont, dans le désert de sa vie si mouve-

____

(1) La vieille mère Le Vasseur n'est pas encore morte.

mentée, une oasis, malgré l'assujettissement
de n'être aux pieds de Mme d'Epinay, patronne
exigeante, qu'un « ours en laisse ».

Il n'a pour elle nul penchant. De petits
soins, de petits baisers fraternels. Là sans
doute, en dehors de la coquetterie spirituelle,
se borna toute leur liaison, malgré les médi-
sances qui ne manquèrent point, plus tard,
de courir. Il y a beau temps que Mme d'Epinay
n'est plus la maîtrese de Francueil, mais celle
de Grimm... Et Mme d'Epinay est, comme sa
belle-sœur d'Houdetot, fidèle dans l'infidélité.

« Elle est fort maigre, fort blanche, la
gorge comme ma main » — détail seul qui
eût suffi à glacer Jean-Jacques, car jamais son
cœur ni ses sens « n'ont pu voir une femme
dans quelqu'un qui n'eût point de tétons. »
Mais, pour l'instant, nulle femme en tête (la
sienne, on le sait, n'y fut jamais). La solitude
et la nature, ses vraies maîtresses, l'occupent
seules. Il a la forêt pour cabinet de travail, la
vallée pour horizon. Pas un sentier, pas un
taillis, pas un bosquet, pas un réduit dont,
saisi d'un « délire champêtre », il n'ait pris
aussitôt possession. Délire de courte durée, et
que d'autres, plus périlleux, vont suivre.

Tôt son démon intérieur (le libidineux
besoin ancré dans sa chair morbide par les
griffes de l'habitude), et par suite, ce pen-

chant à l'humeur noire qu'entretiennent, par leurs ragots et leurs petitesses, ses deux femelles, reprennent le dessus. Il a beau se plonger dans ses *Institutions politiques*, dans son *Matérialisme du Sage*, qu'il n'achèvera point. Il n'est pas heureux. Souvent il sent, après la joie, la peine d'être seul. A qui songer, pour renouveler son harem imaginaire ? Pour Thérèse, un attachement qu'il dit bien encore sincère et réciproque, mais nulle étincelle d'illusion amoureuse. « Le vide de mon cœur ne sera jamais bien rempli ! » Cependant il sent l'âge venir, et cette soif du bonheur, qui ne s'éteint pas dans le cœur des hommes... L'impossibilité d'atteindre aux êtres réels le jette alors, plus que jamais, au « néant » de ses chimères.

« Continuelles extases » où il en est, au gré de sa manie maladive, à ranimer une fois de plus l'excitation des souvenirs... Mlles de Galley et de Graffenried, Mlle du Breil, Mme Basile, les jolies écolières, Mme de Larnage meublent, ainsi qu'un « sérail de houris », ses mornes jouissances... Ivresse « si durable et si forte » quoique « si prompte et si folle » qu'il ne faudra rien moins, pour l'en guérir, que « la crise imprévue et si forte des malheurs » où elle l'a précipité.

Déjà « remis à sa place par la nature » c'est-à-dire par une attaque assez vive de sa vessie, il s'essayait à tramer, en un roman par lettres, cette ivresse qui le sépare du monde, ce rêve qui lui dérobe la réalité. Dessein d'où sortaient, non sans qu'il s'y empêtrât quelque peu, les premiers livres de la *Nouvelle Héloïse*.

Soudain une visite lui vient fournir, en chair et en os, l'animatrice qui lui manquait. C'était cette personne qu'il n'attendait pas : Sophie de Bellegarde, comtesse d'Houdetot, vingt fois vue jusque-là sans que jamais l'instinct l'avertît qu'elle serait un jour la « parfaite », sa première et dernière grande passion.

Je ne dis pas son premier et dernier grand amour. Car jamais Jean-Jacques, à travers plaisir comme à travers douleur, n'aima que lui-même, ou, pour, mieux dire, les images nées de sa névrotique « fantaisie », telle que l'avait façonnée en lui cette double empreinte : sa propre éducation, et la licence du temps.

Mariée toute jeune au comte d'Houdetot, capitaine-lieutenant des gendarmes du Berry, Sophie est officiellement amante du marquis de Saint-Lambert, le poète officier. Elle vit en campagnarde à Eaubonne, non loin de la Chevrette et de l'Hermitage, bien sage durant que son mari et son amant sont à l'armée de Westphalie. Et voilà que Rousseau, dans une illumination subite, la découvre. Jamais elle ne lui était apparue telle qu'en ce brumeux matin de janvier où, s'étant égarée en route, elle laisse là carrosse et gens, perd dans la boue « sa mignonne chaussure » et finalement arrive à l'Hermitage en bottes, toute crottée, et perçant l'air d'éclats de rire auxquels l'Hermite fait écho. Il fallut changer de tout, avant une collation rustique...

« Vrai début de roman », qu'enchaîne le lendemain, avec le renvoi des hardes prêtées par Mlle Le Vasseur, ce billet de la comtesse : « J'ai bien regret de vous avoir vu si peu... Restez dans vos bois puisque vous vous y plaisez. Mais permettez-nous de nous plaindre que vous vous y plaisiez... Je m'en plaindrais bien moins si j'étais plus libre et toujours sûre de ne vous point gêner... »

Ce ne fut pourtant qu'à la seconde visite, au printemps, et tandis qu'il était « dans ses érotiques transports », que le coup de foudre le frappa. Cette fois Mme d'Houdetot était à cheval et en homme :

« Elle approchait de la trentaine, et n'était point belle ; son visage était marqué de la petite vérole, son teint manquait de finesse, elle avait la vue basse et les yeux un peu ronds ; mais elle avait de grands cheveux noirs, naturellement bouclés, qui lui tombaient au jarret : sa taille était mignonne, et elle mettait dans tous ses mouvements de la gaucherie et de la grâce tout à la fois. Elle avait l'esprit très agréable ; la gaieté, l'étourderie et la naïveté s'y mariaient heureusement; elle abondait en saillies charmantes qu'elle ne recherchait point, et qui partaient quelquefois malgré elle. Elle avait plusieurs talents agréables, jouait du clavecin, dansait bien, faisait d'assez jolis vers. Pour son caractère, il était angélique ; la douceur d'âme en faisait le fond, mais hors la prudence et la force, il rassemblait toutes les vertus. »

Une « grisette », — a achevé de la peindre d'un mot Émile Faguet, dans ce délicieux livre des *Amies de Rousseau*, où la critique la plus érudite s'allie à l'ironie la plus tendre et la plus fine...

Elle revint. Et Jean-Jacques, « ivre d'amour sans objet », est de plus en plus fasciné. Il voit ses héroïnes à travers Mme d'Houdetot et bientôt ne voit plus que Mme d'Houdetot, ornée de toutes les perfections de l'idole. Pour l'achever, elle lui parle de Saint-Lambert en amante passionnée. « Force contagieuse de l'amour ! ... En l'écoutant, en me sentant compris d'elle, j'étais saisi d'un frémissement délicieux, que je n'avais jamais éprouvé près de personne... »

Déjà surexcité par les confidences de l'amoureuse, notre vieil enfant malade tressaille à l'idée, entrevue, d'un nouveau ménage à trois. Le voilà hors de lui, du moins en pensée, car la honte, autant que son désir qu'il n'ose avouer, le rendent tremblant et muet ; il finit par s'excuser de son trouble, en lui en laissant deviner la cause... Il la désire, il l'aime.

Elle ne se fâcha point, satisfaite de l'ami flatteur et, — jugeant sans doute cette galanterie sans danger, — d'abord voulut rire, puis opposa une compatissante douceur. Elle ne lui refusait rien « de ce que la plus tendre amitié peut accorder », mais elle ne lui accordait « rien qui pût la rendre infidèle. » Il y a entre ces deux termes une marge où l'on voit très bien que l'illusionnisme de Jean-Jacques fut encouragé par le désœuvrement, pour ne pas dire la légèreté de Sophie.

Et ce furent quatre mois d'une « intimité sans exemple ». La forêt, lieu de mystérieux rendez-vous, fut à nouveau parcourue. Sophie laissait son équipage au petit bois qui traversait la route d'Andilly à Montmorency, Rousseau l'attendait près de là, sous les châtaigniers du Mont-Olympe, où s'élèvera, en 1791, un touchant, mais éphémère petit monument commémoratif...

Ardentes causeries d'un amour « égal des deux côtés, quoiqu'il ne fût pas réciproque ». Ils étaient fous l'un et l'autre : « elle pour son amant, moi pour elle ; nos soupirs, nos délicieuses larmes se confondaient. Tendres confidents l'un de l'autre, nos sentiments avaient tant de rapport, qu'il était impossible qu'ils ne se mêlassent pas en quelque chose ; et toutefois, au milieu de cette délicieuse ivresse, jamais elle ne s'est oubliée un moment ; et moi je proteste, je jure, que si quelquefois, égaré par mes sens, j'ai tenté de la rendre infidèle, jamais je ne l'ai véritablement désirée. »

Comprenne qui pourra ! « Non ! non ! je le lui ai cent fois dit à elle-même ; eussé-je été le maître de me satisfaire, sa propre volonté l'eût-elle mise à ma discrétion, hors quelques courts moments de délire, j'aurais refusé d'être heureux à ce prix. Je l'aimais trop pour vouloir la posséder... » Oyez plutôt :

« Il y a près d'une lieue de l'Hermitage à Eaubonne ; dans mes fréquents voyages, il m'est arrivé quelquefois d'y coucher ; un soir, après avoir soupé tête-à-tête, nous allâmes nous promener au jardin, par un très beau clair de lune. Au fond de ce jardin était un assez grand taillis par où nous fûmes chercher un joli bosquet, orné d'une cascade dont je lui avais donné l'idée, et qu'elle avait fait exécuter.

« Souvenir immortel d'innocence et de jouissance ! Ce fut dans ce bosquet qu'assis auprès d'elle, sur un banc de gazon, sous un acacia tout chargé de fleurs, je trouvai, pour rendre les mouvements de mon cœur, un langage vraiment digne d'eux. Ce fut la première et l'unique fois de ma vie ; mais je fus sublime, si l'on peut nommer ainsi tout ce que l'amour le plus ardent peut porter d'aimable et de séduisant dans un cœur d'homme. Que d'enivrantes larmes je versai sur ses genoux ! que je lui en fis verser malgré elle ! Enfin, dans un transport involontaire, elle s'écria : Non, jamais homme ne fut si aimable, et jamais amant n'aima comme vous ! Mais votre ami Saint-Lambert nous écoute, et mon cœur ne saurait aimer deux fois. Je me tus en soupirant ; je l'embrassai... quel embrassement ! Mais ce fut tout. Il y avait six mois qu'elle vivait seule, c'est-à-dire loin de son amant et de son mari ; il y en avait trois que je la voyais presque tous les jours, et toujours l'amour en tiers entre elle et moi. Nous avions soupé tête-à-tête, nous étions seuls, dans un bosquet au clair de lune, et après deux heures de l'entretien le plus vif et le plus tendre, elle sortit au milieu de la nuit aussi intacte, aussi pure de corps et de cœur qu'elle y était entrée. Lecteur, pesez toutes ces circonstances ; je n'ajouterai rien de plus. »

Il nous faut ajouter, cependant, ce que Mme d'Houdetot elle-même conta, bien longtemps après, à Népomucène Lemercier : qu'un charretier, venant à passer le long de l'enclos derrière le bosquet, cria, poussant sa bête, tandis que Jean-Jacques soupirait : « *Eh ! avance donc, bougre !* » Ainsi l'entretien s'acheva par un éclat de rire, cependant que l'amoureux se relevait, furieux et déconcerté.

... Autre explication possible : cette peur de l'impuissance, dont on se souvient qu'à Venise il avait été saisi, près de Zulietta. Ainsi, de la seule femme qu'il déclare avoir aimée vraiment, Rousseau ne jouit jamais qu'en songe, et durant le temps où l'allant voir, transporté de pensées, il était forcé de s'arrêter en chemin pour donner libre cours à l'élan de son frénétique désir...

« Dans le monde des névroses, a observé Freud, c'est *la réalité psychique* qui joue le rôle dominant. » Il semble bien que ce soit sur les chemins de la Forêt de Montmorency, où, victime de sa névrose, il épuise son rêve en triste réalité, que le chemin de Damas, à son insu, se dessine. Heures où la tare morbide atteint, chez Jean-Jacques, le point le plus aigu, au delà duquel il n'y a plus que mortelle démence, ou dérivation.

Qui sait, en effet, si ce n'est pas de n'avoir jamais été complètement satisfaite, qu'en lui s'est transfigurée cette passion malheureuse, au point, plus tard, quand refroidi il en reparle, de lui sembler le comble du bonheur ! Et qu'importe peut-être alors, que, s'étant donné au Rêve, il ait — selon le beau vers de Jules Tellier — été perdu pour la vie, du moment que fécondant le Rêve, il a fait à la Réalité les plus beaux enfants, et gagné, grâce à eux, une immortelle vie ?

Une si extraordinaire situation ne pouvait bien longtemps durer. Les Le Vasseur, jalouses, clabaudèrent. On sait que Thérèse exécrait les dames qui venaient voir Rousseau. On sait aussi sa violence et sa mauvaise langue... Ce qu'elle tolérait de Mme d'Epinay, protectrice en titre, — dont sa mère et elle tiraient tout ce qu'elles pouvaient — lui semblait, chez toute autre, menace de rapt. Avertie et vexée, Mme d'Epinay prévint Grimm qui, bonne âme, avisa Saint-Lambert.

L'histoire, déjà, courait Paris. Reproches de Mme d'Houdetot, justifications déclamatoires et néanmoins convaincues de notre maladroit, confident haussé au rôle de jeune premier et ravalé à celui d'ami indélicat. Car, entre temps, il avait juré tendresse à Saint-Lambert, et déjà se voyait en tiers, oh ! platoniquement, entre Sophie et lui !... Il faut lire, dans la *Correspondance générale*, la liquidation embarrassée de cet imbroglio.

Rousseau, du coup, retombe au rang de copiste, à tant la page, du manuscrit de la *Nouvelle Héloïse* pour Julie-Sophie. Le ton des lettres alors échangées marque tout le malaise de la ridicule aventure, comme celui d'une autre lettre, — que celle-là Rousseau n'osa faire tenir à la destinataire mais qui s'est retrouvée dans ses brouillons, — montre rétrospectivement tout l'incorrigible imaginatif, et d'avance découvre toute l'harmonie lamartinienne :

« Je suis coupable, je le sens trop, mais je m'en console en songeant que tu ne l'es pas. Une complaisance insipide à ton cœur, qu'est-elle pour toi, qu'un acte de pitié dangereux à la première épreuve, indifférent pour qui l'a pu supporter une fois ? Sophie ! après des moments si doux, l'idée d'une éternelle privation est trop affreuse à celui qui gémit de ne pouvoir s'identifier avec toi. Quoi ! tes yeux attendris ne se baisseraient plus avec cette douce pudeur qui m'enivre de volupté ? Quoi ! mes lèvres brûlantes ne déposeraient plus sur ton cœur mon âme avec mes baisers ? Quoi ! je n'éprouverais plus ce frémissement céleste, ce feu rapide et dévorant qui, plus prompt que l'éclair... moment ! moment inexprimable ! quel cœur, quel homme, quel dieu, peut t'avoir ressenti et renoncer à toi ?

« Souvenirs amers et délicieux ! laisserez-vous jamais mes sens et mon cœur en paix ? et toutefois les plaisirs que vous me rappelez ne sont point ceux qu'il regrette le plus. Ah ! non, Sophie, il en fut pour moi de plus doux encore et dont ceux-là tirent leur plus grand prix, parce qu'ils en étaient le gage. Il fut un temps où mon amitié t'était chère et où tu savais me le témoigner... Mon cœur te cherchait et le tien ne me repoussait pas. L'expression du plus tendre amour qui fut jamais n'avait rien de rebutant pour toi. On eût dit à ton empressement à me voir que je te manquais quand tu ne m'avais pas vu : tes yeux ne fuyaient pas les miens, et leurs regards n'étaient pas ceux de la froideur ; tu cherchais mon bras à la promenade, tu n'étais pas si soigneuse à me dérober l'aspect de tes charmes, et quand ma bouche osait presser la tienne, quelquefois au moins je la sentais résister. Tu ne m'aimais pas, Sophie, mais tu te laissais aimer, et j'étais heureux. Tout est fini; je ne suis plus rien, et, me sentant étranger, à charge, importun près de toi, je ne suis pas moins misérable de mon bonheur passé que de mes peines présentes. Ah ! si je ne t'avais jamais vue attendrie, je me consolerais de ton indifférence et me contenterais de t'adorer en secret ; mais me voir déchirer le cœur par la main qui me rendit heureux et être oublié de celle qui m'appelait son doux ami ! O toi qui peux tout sur mon être, apprends-moi à supporter cet état affreux, ou le change, ou me fais mourir !... La vallée que tu fuis pour me fuir, le prochain retour de ton amant, les intrigues de ton indigne sœur (Mme d'Epinay), l'hiver qui nous sépare, mes maux qui s'accroissent, ma jeunesse qui fuit de plus en plus, tandis que la tienne est dans sa fleur, tout se réunit pour m'ôter tout espoir. Cruelle, rends-moi l'amitié qui m'est si chère ; tu me l'as offerte ; je l'ai reçue ; tu n'as plus droit de me l'ôter. Ah ! si jamais je te voyais un vrai signe de pitié ; que ma douleur ne te fût point importune ; qu'un regard attendri se tournât sur moi, que ton bras se jetât autour de mon cou ; qu'il me pressât contre son sein ; que ta douce voix me dît avec un soupir : Infortuné ! que je te plains ! oui, tu m'aurais consolé de tout ! Mon âme reprendrait sa vigueur, et je reviendrais digne encore d'avoir été bien voulu de toi... »

Vains regrets. La comtesse d'Houdetot, la bourrasque passée, ne redevint pas l'indulgente amie de la belle nuit de lune, sous l'acacia en fleurs. Elle sortira bientôt, — avec Mme d'Epinay, et Diderot duquel Jean-Jacques avait été si passionnément l'ami, et le sec, raisonnable Grimm, — du cercle familier de Rousseau. Sophie mourra, oubliée, en 1813. Qu'importe, Julie survit !... C'est de cette passion avortée, et de tous les contre-coups qui l'accompagnèrent et la suivirent que date, pour l'amant éconduit, le commencement de la fin.

Brouille avec Mme d'Epinay et, par suite, avec tout le cercle des philosophes, matérialistes athées dont, de plus en plus, son spiritualisme déiste allait l'écarter.

Ces démêlés célèbres, — dont l'histoire suffit à remplir toute une bibliographie, — Mme d'Epinay (dans ses jolis et partiaux mémoires auxquels les travaux de Mme Macdonald nous montrent à quel point la rancune de Grimm et de Diderot collabora) a pris la peine et le plaisir de les conter, de son côté. Réponse aux *Confessions*, en vue du tribunal littéraire de l'opinion future...

Cette grande querelle, et toutes celles qui, dès lors, torturèrent l'existence plus que jamais aventureuse de Jean-Jacques, je la mets délibérément de côté, — ayant borné mon dessein à n'étudier en ce premier livre que l'influence de la sexualité et de sa névrose dans l'idée que Jean-Jacques se fit de l'amour, et par contre-coup, la mesure où cette conception a réagi, dans la « sublimation » de son œuvre.

Je laisse à des psychiâtres plus qualifiés le soin de rechercher, après la *Nouvelle Héloïse* et l'*Émile*, quelle répercussion eurent, sur les œuvres pamphlétaires et philosophiques qui suivirent, les symptômes de la seconde névrose de Rousseau... La première en avait fait un érotomane génial. Celle qui dès lors harcélera le malheureux, la névrose d'angoisse, je ne pourrai qu'en indiquer sommairement les effets, en suivant, jusqu'à la fin de son calvaire, notre Pèlerin tourmenté.

A l'Hermitage, brutalement quitté en plein hiver, succède Montlouis. Heureux refuge, dans cette même vallée de Montmorency, où Rousseau passa les années glorieuses de sa maturité, en attendant ses dernières heures, enfin apaisées. A Montlouis Jean-Jacques aura la courte joie d'être enfin chez lui, tout en acceptant un moment l'hospitalité du maréchal et de la duchesse de Luxembourg, au petit château de Montmorency. Période en apparence la plus brillante, où le prince de Conti le protège, et durant laquelle il écrit la *Lettre sur les Spectacles*, le *Contrat Social* et l'*Emile*, — l'*Emile* que M. de Malesherbes (1) fait lui-même imprimer en France, tandis que le libraire Rey l'édite en Hollande, — l'*Emile* dont la maréchale-duchesse a exigé, pour elle-même, une copie autographe...

Mais Jean-Jacques a eu beau passer de la compagnie des financiers et des philosophes à celle des plus puissants seigneurs, et cette compagnie elle-même a eu beau flatter la secrète manie des grandeurs qui sommeille sous sa rudesse populaire, jamais plus il ne retrouvera la paix de l'âme.

A sa névrose sexuelle, peu à peu s'épurant au feu mental de la sublimation, va succéder l'emprise de la névrose d'angoisse, — cette hypocondrie de l'esprit, où, par instants, sa raison sombrera...

La maladie qui jusqu'ici s'est surtout manifestée par les symptômes que nous connaissons, a beau changer de forme, suivre un autre cours, elle va, — jusqu'à la rémission

______

(1) Il faut, pour complétement connaître J.-J. Rousseau peint par lui-même, consulter — avec l'autobiographie des *Confessions*, des *Dialogues*, et des *Rêveries*, les *Quatre Lettres à M. de Malesherbes*.

des derniers jours, — le ravager sans relâche.

1762. L'année de la publication de l'*Emile*. Dès lors (il a cinquante ans) il croira n'avoir plus d'amis. Autour de lui — hors Thérèse, et surtout son cher Mylord Maréchal, dont il va bientôt s'engouer, — rien que des envieux et des méchants, qui conspirent contre sa renommée et sa vie.

V

DU SEXE AU CERVEAU OU LA « SUBLIMATION »
LA *NOUVELLE HÉLOÏSE* ET L'*ÉMILE*

Malgré la présence de Saint-Lambert-Wolmar après celle de Claude Anet, que vous êtes touchantes, amours cérébrales de Jean-Jacques, quand on vous regarde vivre, réincarnées en Julie d'Estanges et en Claire d'Orbe !

Amours tourmentées, c'est vous qui avez, en le déformant autant que vous le formiez, recréé Jean-Jacques. Les Charmettes, l'Hermitage !... Ici tient, et finit, ce qui fut la pauvre, la triste vie amoureuse de Rousseau, au sens charnel, et plus cérébral encore que charnel. Ici commence ce qui fut sa riche, sa glorieuse, sa vraie vie amoureuse : celle de l'esprit. C'est grâce à la première, inséparable de la seconde, que dans sa faiblesse il est devenu grand, il s'épure, s'élève, et de ses vices passés forge l'armure de vertu qui roidira Robespierre et Saint-Just.

Ce transfert des égoïstes tendances sexuelles de Rousseau aux buts sociaux, n'est-ce pas exactement le phénomène qu'a défini **Freud** sous ce terme frappant de la *Sublimation* ? Processus où l'on voit la névrose « actuelle » évoluer, à travers la commençante névrose d'angoisse. Insensiblement les ombres visqueuses de l'inconscient et du préconscient ont cédé le pas à la grandissante lumière de la conscience... L'art, chemin de retour de la « fantaisie » à la réalité !

Il arrive bien souvent, en effet, et Rousseau surabondamment nous l'a démontré, que l'artiste soit, en même temps, « *un introverti qui frise la névrose...* »

« Animé d'impulsions et de tendances extrê-
» mement fortes, — a précisé le savant vien-
» nois, — l'artiste voudrait conquérir hon-
» neurs, puissance, richesses, gloire et amour
» des femmes. Mais les moyens lui manquent
» de se procurer ces satisfactions. C'est pour-
» quoi, comme tout homme insatisfait, il se
» détourne de la réalité et concentre tout son
» intérêt, et aussi sa *libido*, sur les désirs
» créés par sa vie imaginative, ce qui peut le
» conduire facilement à la névrose. Il faut
» beaucoup de circonstances favorables pour

» que son développement n'aboutisse pas à ce
» résultat ; et l'on sait combien sont nom-
» breux les artistes qui souffrent d'un arrêt
» partiel de leur activité par suite de névroses.
» Il est possible que leur constitution comporte
» une grande aptitude à la sublimation et une
» certaine faiblesse à effectuer des refoule-
» ments susceptibles de décider du conflit. Et
» voici comment l'artiste retrouve le chemin
» de la réalité. Je n'ai pas besoin de vous dire
» qu'il n'est pas le seul à vivre d'une vie ima-
» ginative. Le domaine intermédiaire de la
» fantaisie jouit de la faveur générale de l'hu-
» manité, et tous ceux qui sont privés de
» quelque chose y viennent chercher com-
» pensation et consolation. Mais les profanes
» ne retirent des sources de la fantaisie qu'un
» plaisir limité. Le caractère implacable de
» leurs refoulements les oblige à se contenter
» des rares rêves éveillés dont il faut encore
» qu'ils se rendent conscients. Mais le véri-
» table artiste peut davantage. Il sait d'abord
» donner à ses rêves éveillés une forme telle
» qu'ils perdent tout caractère personnel sus-
» ceptible de rebuter les étrangers, et devien-
» nent une source de jouissance pour les
» autres. Il sait également les embellir de fa-
» çon à dissimuler complètement leur origine
» suspecte. Il possède en outre le pouvoir mys-

» térieux de modeler des matériaux donnés
» jusqu'à en faire l'image fidèle de la repré-
» sentation existant dans sa fantaisie, et de rat-
» tacher à cette représentation de sa fantaisie
» inconsciente une somme de plaisir suffisante
» pour masquer ou supprimer, provisoire-
» ment du moins, les refoulements. Lorsqu'il
» a réussi à réaliser tout cela, il procure à
» d'autres le moyen de puiser de nouveau sou-
» lagement et consolation dans les sources de
» jouissances, devenues inaccessibles, de leur
» propre inconscient ; il s'attire leur recon-
» naissance et leur admiration et a finalement
» conquis *par* sa fantaisie ce qui auparavant
» n'avait existé que *dans* sa fantaisie : hon-
» neurs, puissance et amour des femmes. »

N'est-ce pas, ici, nettement le « cas » de
Jean-Jacques ? Du sexe au cerveau, toute la
flamme, dans l'âme vieillissante, est remontée.
Jamais d'ailleurs, disons-le à sa louange, si
médiocres qu'aient été ses aventures, Jean-
Jacques n'a voulu (hors les passades de la
Padoana et de la petite fille de la rue des Moineaux) faire une part de son cœur, une de ses
sens. Toujours il amalgama, en les transpo-
sant en imagination, sa manie érotique *et son
besoin éperdu de tendresse.*

Thérèse même, qui bientôt cessa de servir
d'exutoire à ses désirs, soit qu'il en redoutât

de nouvelles conséquences, — les cinq abandonnés lui suffisent ! — soit que sa double maladie, la physique et la mentale, l'ait effectivement conduit à l'impuissance, Thérèse, que jamais il n'aima d'amour, Thérèse fut comme les autres, *idéalisée*, — au point d'être par lui jusqu'à la fin honorée et choyée, en dépit « de certaines plaies, de certaines déchirures » dont il eut moralement à souffrir, mais dont il a cru devoir nous taire l'étalage. Quelles plaies et quelles déchirures? Sa longue abstinence de malade, puis de vieil homme résigné, nous en fait deviner la nature, comme son successeur, le palefrenier John, nous en fait soupçonner la cause...

Passons. C'est parce qu'au-dessus des tableaux qu'une certaine hypocrisie juge encore licencieux, *la Nouvelle Héloïse*, toute farcie qu'elle est de hors-d'œuvre philosophiques, demeure vivifiée de l'air pur qu'on respirait aux Charmettes, et dont Jean-Jacques a baigné le doux paysage de Clarens, c'est parce qu'elle haussait la nature au rang d'une véritable religion, qu'elle mérita d'être, dans les lettres, une révolution.

Les femmes surtout, furent bouleversées. Beaucoup se reconnurent, se déclarèrent Julie (Mme de la Tour-Franqueville). Toutes, à ces accents nouveaux, sentirent leurs âmes frémir. Un monde se révélait à ces désœuvrées de la Cour, prisonnières des salons et de la ville, dont le cœur, flétri par la débauche du temps, avait jusque-là battu en vase clos, « et sur lequel n'avait passé ni l'ombre de la feuille, ni le souffle du vent ».

« Un soir après souper, au Palais-Royal, — ont conté délicieusement les Goncourt (1), — c'était un de ces *petits jours* qui rassemblaient la société intime, les dames travaillaient autour de la table ronde. La duchesse de Chartres, Mme de Montboissier, Mme de Blot, parfilaient ; Mme de Genlis faisait une bourse entre M. de Thiars et le chevalier de Durfort ; le duc de Chartres se promenait dans le salon avec trois ou quatre hommes, allant et venant. La causerie tomba sur la *Nouvelle Héloïse*, Mme de Blot, si mesurée, si compassée d'ordinaire, en commença un éloge si vif, si emphatique, que le duc de Chartres et les hommes qui se promenaient avec lui se rapprochèrent ; et l'on fit cercle autour de la table. Mme de Blot continua intrépidement sa thèse, devant le cercle, sous le regard du duc de Chartres ; et, s'animant à mesure qu'elle parlait, elle finit par s'écrier « qu'il n'existait pas une femme véritable-

(1) *La Femme au* xviiie *siècle.* 2 vol. E. Flammarion et E. Fasquelle, édit.

ment sensible qui n'eût besoin d'une vertu supérieure pour ne pas consacrer sa vie à Rousseau, si elle pouvait avoir la certitude d'en être aimée passionnément. »

« Ce cri d'une femme — continuent les Goncourt — est le cri de la femme du xviiie siècle. Et c'est la grande voix de son temps et de son sexe que fait entendre cette bouche de prude. L'influence prodigieuse de Rousseau, la captation de son génie, l'enivrement de ses livres, son règne sur l'imagination féminine, l'enthousiasme, la reconnaissance, le culte amoureux et religieux dont cette imagination entoure jusqu'à sa personne, Mme de Blot les signifie avec la vivacité et la sincérité de l'opinion, avec la conscience de toutes ces femmes achetant comme une relique un bilboquet de Rousseau, baisant son écriture dans un petit cahier. Il était juste que Rousseau inspirât à la femme ce culte et cette adoration. Ce que Voltaire est à l'esprit de l'homme au xviiie siècle, Rousseau l'est à l'âme de la femme. Il l'émancipe et la renouvelle. Il lui donne la vie et l'illusion ; il l'égare et l'élève ; il l'appelle à la liberté et à la souffrance. Il la trouve vide, et il la laisse pleine d'ivresse. Révolution morale, immense en profondeur, en étendue, et qui engagera l'avenir ! Rousseau paraît, c'est Moïse touchant le rocher : toutes les sources vives se rouvrent dans la femme. »

Oui, en affirmant les droits de la passion, tempérés par une morale encore timide et souvent grossière, mais assurément plus délicate que celle des libertins du temps, en faisant courir, dans tout le livre, le souffle de la nature, pour la première fois en littérature si frémissant et si frais qu'il en est comme tangible, voilà redressé, rallumé, le flambeau d'un genre éteint avec la *Princesse de Clèves* et *Manon Lescaut*. Voilà, malgré son « océan d'éloquence verbiageuse » comme disait Mme du Deffand, le *flux* vivifiant d'où le Romantisme jaillira.

Révolution sentimentale et morale.

Est-ce tout ? Non. Révolution politique, avec le *Contrat Social*. Révolution familiale avec l'*Émile*. Triple secousse qui ébranlant le xviiie siècle jusqu'au tréfonds de ses mœurs, accélère la Révolution tout court.

Encore une fois, la source de tout cela ? l'exaspération d'un instinct qui, jamais rassasié, ne s'apaise qu'en s'exaltant, bondit de la boue du fait au tremplin de l'Idée. Rousseau a trop d'orgueil pour avouer qu'il a pu jamais avoir d'autre idéal que celui de la Vertu, mais il a assez de clairvoyance pour vouloir, ayant senti ses vices, les corriger.

Sa devise en témoigne : *Vitam impendere vero...* Consacrer sa vie à la vérité ! Métier ardu, mais qui, à la longue, porte toujours en soi sa récompense.

Telle que dans sa foi sincère il la concevait, cette vérité révolutionnaire, il l'a dite tout entière, quitte parfois à se démentir radicalement. Car il n'est pas de vérité qui soit absolue, et qui ne porte en soi diverses facettes. Le diamant le mieux taillé a, dans son eau pure, des éclats multicolores. Contradictions qui témoignent seulement de la mobile sensibilité d'une intelligence, et que beaucoup ne lui ont pas pardonné, allant jusqu'à faire grief, à sa sensibilité, de sa phraséologie ! Sous prétexte que son éloquence, vulgarisée, deviendra le meurtrier langage de 93, un style à la fois pompeux et « pompier », dont l'ardeur refroidie paraîtra glacée, certains (dont Jules Lemaître, au nom de ce sec néo-classicisme auquel lui-même au moins donnait quelque grâce) lui en feront grief, avec dédain. Jean-Jacques a manié, magnifiquement, le style de son temps. Est-il responsable du pastiche, — et du postiche ?

Autant accuser la guillotine des erreurs et des crimes qu'elle eut, au nom du Salut Public, à punir ! Violences qu'eût réprouvées la première, au surplus, la sagesse démocratique de Jean-Jacques.

Quant à l'*Emile*, ou plutôt au roman de Sophie et d'Emile, dont l'influence d'ailleurs ne fut pas moindre sur l'évolution des idées féminines, c'est sans doute, de toutes les œuvres de Rousseau, celle qui, avec plus d'éclat peut-être encore que la *Nouvelle Héloïse*, témoigne du combat spirituel en lui-même livré. Idéalisation d'une âme pleine d'incertitudes, et qui cherche, éperdûment, la vérité. Mais, surtout, transsubstantiation de tout ce qui s'agite au fond de cette chair, rassasiée de misères, et d'autant plus altérée de toutes les énergies que, pour elle, symbolise cette *idée-force* : Vertu !

Il est amusant de constater, au passage, que, — du point de vue recherche de la vérité, en matière d'enseignement, — la modestie de Rousseau est telle que, le premier, il a vu le vice de son système, discutable dans l'absolu, et qui a, de surcroît, tous les dangers de l'absolu. C'est pourquoi il donna à l'*Emile* cette suite moins connue : *Emile et Sophie, ou les Solitaires*, dont deux chapitres seulement furent écrits, mais où l'on voit que, venus à Paris après quelques années de mariage, les jeunes époux y sont aussitôt corrompus par les mauvais exemples. Que valait donc leur rigoureuse éducation ?...

Pyrrhonisme qui montre, en Rousseau, plus de bon sens qu'on ne croirait, à lire seulement l'*Emile*. Ce n'est pas en affirmant : Voici la vérité, qu'on peut se dire assuré de l'avoir trouvée. Mais c'est en la cherchant qu'on la trouve !

Autre chose est du phénomène évident de « sublimation », et de la bonne volonté *certaine* de Jean-Jacques, en ce qui touche son propre remords, quant au quintuple abandon des enfants de Thérèse. Ici nous ne sommes plus dans un domaine hypothétique. Nous touchons au fait.

En prescrivant dans tous ses détails, de l'allaitement maternel à la culture physique, l'éducation dogmatique d'un fils, n'est-ce pas aux lacunes de la sienne propre, et à celle dont il a privé ses fils, que pense le père, autant que l'autodidacte ?

Il n'est que de se souvenir des infructueuses démarches faites en 1761 quand Mme de Luxembourg donna ordre, à son intendant Laroche, de s'enquérir du sort des disparus. Il n'est que d'entendre l'expression renouvelée de sa hantise, à commencer par l'*Emile*, livre I : « Un père, quand il engendre et nourrit des enfants, ne fait en cela que le tiers de sa tâche. Il doit des hommes à son espèce ; il doit des citoyens à l'État. Tout homme qui peut payer cette triple dette et ne le fait pas est coupable, et plus coupable encore quand il la paye à demi. Pourquoi ? Celui qui ne peut

remplir les devoirs de père n'a pas le droit de
le devenir. Il n'y a ni pauvreté, ni travaux, ni
respect humain qui le dispense de nourrir ses
enfants et de les élever lui-même. Lecteurs,
vous pouvez m'en croire. Je prédis à quiconque a des entrailles et néglige de si saints
devoirs qu'*il versera longtemps sur sa faute
des larmes amères et qu'il n'en sera jamais
consolé.* »

Et l'émouvante lettre à Thérèse quand, en
1769, à Monquin, il songe à se séparer d'elle :
« *Nous avons des fautes à pleurer et à expier...* » Aveu dont la simplicité n'est-elle pas
poignante ? Enfin, le 26 février 1770, ses éton-
nantes confidences à M. de Saint-Germain, —
le petit officier dont il a fait connaissance à
Bourgoin, — et qui ont allure sacerdotale de
confession : « L'exemple, la nécessité, l'honneur de celle qui m'était chère me firent confier mes enfants à l'établissement fait pour
cela, et m'empêchèrent de remplir moi-même
*le premier, le plus saint des devoirs de la
nature.* En cela, loin de m'excuser, je m'accuse... Je ne fis point un secret de ma conduite
à mes amis, ne voulant pas passer à leurs yeux
pour meilleur que je n'étais. Quel parti les
barbares en ont tiré ! Avec quel art ils l'ont
mise (ma conduite) dans le jour le plus
odieux !... Comme si pécher n'était point de

l'homme, et même de l'homme juste ! Ma faute fut grave sans doute, elle fut impardonnable, mais aussi ce fut la seule, et je l'ai bien expiée. »

Il l'expia au point de devenir finalement un fanatique de vertu, — une tarentule morale, a dit Nietzche. Faguet a très bien noté cela, dans une page spirituelle. « Si Rousseau a prêché pendant toute la seconde moitié de sa vie le bien, le beau, le sain, la vie de famille, la vie droite, la vie charitable... si, personnellement, il a été honnête, généreux et charitable, s'il s'est senti des devoirs envers Mlle Le Vasseur, tout au moins après son égarement auprès de Mme d'Houdetot ; si elle est très vraie, cette déclaration de 1759 : « Je ne regardai plus mes liaisons avec Thérèse que comme un engagement honnête et saint, quoique libre et volontaire : ma fidélité pour elle, tant qu'il durait, comme un devoir indispensable ; l'infraction que j'y avais faite une seule fois comme un véritable adultère » ; — si tout cela est, c'est que Rousseau a poussé, à la fin de sa jeunesse, l'absence de sens moral jusqu'au forfait... L'abandonnement de ses enfants a coupé sa vie en deux. Avant, il n'avait aucun sens moral et ne savait pas même ce que c'est, personne du reste ne le lui ayant appris et tout le monde s'étant comme relayé

pour lui enseigner le contraire ; après, il connut le sens moral, et à travers toutes ses folies il fut d'une haute moralité, et il eut
même cette indiscrétion dans la prédication
de la morale qui caractérise, aux rues de
Londres ou de Boston, les anciens pêcheurs.
L'influence de Mᵁᵉ Le Vasseur sur Rousseau
fut double et fut très grande : elle l'a rendu
fou, et honnête homme. »

Je ne sais si, comme le prétend Faguet,
Rousseau ne s'est pas suffi à lui-même pour
devenir honnête homme, mais je crois bien
en effet que Thérèse a largement contribué à
le rendre fou, — au sens d'ailleurs limité de
la persécution !... Une folie qui heureusement
n'affecta qu'une bien minime case de ce magnifique cerveau, devenu, à mesure qu'il va
vers l'ombre, toujours plus resplendissant de
clartés... Oui, bien minime folie que celle de
ce Sage !

Sagesse, au surplus, étrangement modérée,
et où la plus hardie nouveauté confine à la
plus traditionnelle . routine. Singulièrement
sur certain point, celui de l'éducation des
filles, Jean-Jacques se montre aussi retarda-
taire que, sur l'éducation des garçons, il est en
avance, fraye le progrès. La Sophie qu'il des-
tine aux noces d'Émile, — et qui n'a rien de
commun avec la cavalière d'Houdetot, — ne

diffère guère des ménagères que vantait Chrysale.

Rousseau, libérateur du cœur féminin, est antiféministe, *par définition*.

« Les filles, dit-il, doivent être gênées de bonne heure... La dépendance est un état naturel aux femmes, les filles se sentent faites pour obéir... Il résulte de cette contrainte habituelle une docilité dont les femmes ont besoin toute leur vie, puisqu'elles ne cessent jamais d'être assujetties ou à un homme, ou aux jugements des hommes, et qu'il ne leur est jamais permis de se mettre au-dessus de ces jugements... Il n'importe pas seulement que la femme soit fidèle, mais qu'elle soit jugée telle par son mari, par ses proches, par tout le monde... L'apparence même est au nombre des devoirs des femmes... La femme, en faisant bien, ne fait que la moitié de sa tâche, et ce qu'on pense d'elle ne lui importe pas moins que ce qu'elle est en effet... Toute l'éducation des femmes est relative aux hommes. »

Qu'en pensez-vous, garçonnes ? La « compagne » d'Emile ne ressemble guère à ce hardi « Compagnon », dans l'âme fière duquel le « Couple » de demain puisera sa force régénérée ! Une telle incompréhension des droits et des devoirs des femmes étonne, chez le pionnier d'une société nouvelle.

Il faudra quarante ans encore, et la Révolution, pour qu'Olympe de Gouges soumette aux législateurs sa fameuse *Déclaration* d'égale et que, depuis, nous voyions — oh ! bien lentement d'abord — la Femme en chemin.

Il est vrai qu'elle a rattrapé le temps perdu. Pas une Sophie d'aujourd'hui qui ne sourie, j'imagine, à ce suprême trait par quoi Jean-Jacques parachève l'image et les mérites de la Sophie d'autrefois :

« Sophie est extrêmement propre. Cependant cette propreté ne dégénère pas en vaine affectation ni en mollesse... Jamais il n'entra dans son appartement que de l'eau simple ; elle ne connaît d'autres parfums que celui des fleurs ; et jamais son mari n'en respira de plus doux que son haleine. Enfin l'attention qu'elle donne à l'extérieur ne lui fait pas oublier qu'elle doit sa vie et son temps à des soins plus nobles ; elle ignore ou dédaigne cette excessive propreté du corps qui souille l'âme : Sophie est bien plus que propre : elle est pure. »

Et voilà bien encore une touche du temps ! Hygiène barbare où les cuvettes étaient soucoupes et les baignoires si incommodes et si peu usagées qu'on n'en voyait guère plus que de bidets ! Ce qui n'empêchait pas la pureté d'être aussi rare, sans doute, que la propreté.

VI

LE SAGE ET LE DEMI-FOU : DE MOTIERS OU ON
LE LAPIDE, A MONQUIN OU IL ÉPOUSE THÉRÈSE.
— LA RUE PLATRIÈRE. — LA TOMBE D'ERME-
NONVILLE ET LES HONNEURS DU PANTHÉON. —
LA FIN DE THÉRÈSE LE VASSEUR. — SAINT
JEAN-JACQUES.

J'eusse clos après l'aventure de Sophie
d'Houdetot cette étude, s'il ne m'avait sem-
blé nécessaire de montrer la fin de Rousseau,
étroitement rivée au carcan de Thérèse. Fin
exemplaire, à travers les pires vicissitudes.
Fin qui le fait mieux comprendre, et donc,
aimer davantage.

L'*Émile* est, en 1762, condamné au feu
par le Parlement de Paris et l'auteur décrété
de prise de corps... (Il n'y avait pas encore de
Légion-d'Honneur). Prétexte : la Profession de

foi du Vicaire Savoyard, offensant la règle divine par la promulgation de la loi naturelle. Raison : jeu de balance politique. On frappe Rousseau pour se donner air d'impartialité, avant de frapper les Jésuites... Toujours la pensée libre, poursuivie par faux semblant !

Il lui faut quitter cette France qu'il aime et qu'il illustre. Ses amis, le prince de Conti, le maréchal de Luxembourg l'en pressent. Il abandonne précipitamment Montlouis, croisant au départ les exempts, un carrosse d'hommes noirs qui le saluent en souriant. Le voilà parti pour huit ans d'exil, de tribulations et de misères grandes et petites, dont bon nombre par lui-même ou par Thérèse forgées.

D'abord, tranquillement, il gagne la Suisse (on ne voulait que son départ), s'arrête dans le canton de Berne, à Yverdon, évitant Genève où l'opulent seigneur de Ferney, Voltaire alors encore son ennemi, fait loi. En arrivant au sol natal — « terre de justice et de liberté » — il a, pour la baiser avec transport, crié au postillon d'arrêter. Il n'est pas plus tôt installé chez son ami Roguin que Genève fait solennellement brûler le *Contrat social* et l'*Émile*, et, comme Paris, décrète arrestation de l'auteur. Quant à ces « messieurs de Berne », ils se bornent à l'expulser.

Le voilà à Motiers, dans le comté de Neuchâtel qui est au Roi de Prusse. Malgré les bontés qu'a pour lui le gouverneur, Georges Keith, maréchal héréditaire d'Écosse qu'on appelle Mylord-Maréchal, malgré même la protection hautement manifestée de Frédéric le Grand, les pasteurs lui rendent la vie impossible. Les enfants que son costume étonne (il s'habille alors en arménien, longue robe et culotte flottante, avec bonnet fourré) le suivent en le huant...

C'est pour sa maladie qu'il est ainsi déguisé, à moins que ce ne soit goût de singularité, autant que protestation contre les mœurs civilisées... Lui-même envenime les hostilités avec d'âpres écrits, flagellant à Genève les Magnifiques Seigneurs, comme il fouaille, à nouveau, Paris et son archevêque. L'effervescence grandit. Thérèse, qui l'a rejoint, n'arrange point les choses. L'animosité vient au point qu'une nuit la maison est lapidée, comme le sera en 1871, après la Commune, celle de Victor Hugo à Bruxelles. Sort habituel aux prophètes !...

Il faut fuir encore. On se réfugie dans la petite île de Saint-Pierre, sur le lac de Bienne, coin perdu de petit Paradis terrestre. Jean-Jacques se croit sauvé, herborise, rêve au bord de l'eau... Le Sénat de Berne à nouveau

le chasse. Où aller ? Il se décide, après un
court séjour à Strasbourg, pour l'Angleterre,
traverse Paris où il laisse Thérèse, après quelques jours passés au Temple chez le Prince
de Conti, Grand-Prieur des Chevaliers de
l'Ordre de Malte. Semaine de vogue mondaine. Sa chambre ne désemplit pas : visi-
teurs, visiteuses... Car le voilà désormais aussi
célèbre, aussi consulté, aussi relancé que Voltaire. Jean-Jacques est désormais, pour beaucoup, le plus grand homme du siècle...

Quinze mois passés chez David Hume, puis
chez M. Davenport, à Wotton, où, paisible
d'abord, ses fureurs de persécuté le reprennent, sitôt rejoint par Thérèse. Thérèse, que
rien n'intéresse, hors son étroit cercle de com-
mérages ! Thérèse qui, exilée, a le mal du
pays, et le regret de son confesseur...

On se rappelle cette ancienne anecdote contée par Casanova : le prince de Conti venant
un jour, à Montlouis, demander à dîner à
Jean-Jacques, et s'étonnant, l'heure venue, de
voir trois couverts : « Qui voulez-vous donc
faire dîner avec nous ? — Notre tiers, Monsei-
gneur, est un autre moi-même. C'est un être
qui n'est ni ma femme, ni ma maîtresse, ni
ma servante, ni ma mère, ni ma fille. C'est
mon tout. » Et le prince, qui préférait le tête-
à-tête, de le laisser seul, avec son tout...

Son tout ! Thérèse l'est désormais, plus que jamais, et de plus en plus. Et, plus que jamais, et de plus en plus, il est seul avec elle. Dont elle enrage, n'ayant, en ce Wotton perdu, personne à qui parler. Elle n'aura de cesse qu'il n'ait regagné la France. Ce ne fut point sans extravagances, après scandaleuse dispute avec David Hume dans lequel il voit un traître, comme dans l'île une prison, d'où la France, à la prochaine guerre, le viendra délivrer ! Avant de s'embarquer, il harangue la foule, à Douvres.

Ensuite, quinze jours à Fleury-sous-Meudon, chez le marquis de Mirabeau, l'Ami des Hommes. Puis un an, non loin de Givors, au château de Trye, prêté par le prince de Conti. Il y végète terré sous le nom de Renou, en proie à sa névrose évoluée, à la manie de persécution dont il se sait atteint. Folie lucide qui ne le quittera plus, et ne l'empêche pas de garder intact, dans le raisonnement comme le style, un génie qui jamais ne fut plus clairvoyant, et plus haut.

Thérèse cependant le fait cuire à petit feu, dans un perpétuel drame domestique, en butte à l'inimitié de l'entourage, par elle-même tisonnée... Il la laisse à Trye, traverse Lyon, visite Grenoble et la Grande Chartreuse, fait, en tremblant qu'on ne l'arrête, un suprême pèlerinage à Chambéry, et revient se fixer au hasard, à Bourgoin, auberge de la Fontaine d'Or.

Quelques jours après, il appelle Thérèse et soudain l'épouse. Point de mariage proprement dit, pas plus religieux que civil... Conviction philosophique ? Crainte de ne pouvoir se marier légalement sans rappeler sur lui l'attention et la vindicte sociales ? Habitude « de ne rien faire comme les autres ? » Quoi qu'il en soit, il y eut seulement un bon dîner préparé et deux amis convoqués, devant lesquels Jean-Jacques déclara, solennellement et formellement, prendre pour femme Mlle Thérèse Le Vasseur, dorénavant dénommée Mlle Rousseau. Après quoi l'on s'embrassa, et le marié chanta au dessert.

Six mois après, ayant délibéré s'il irait définitivement s'établir hors de France, en quelque île de l'archipel turc, il échoue, à deux lieues de là, à Monquin où il continue d'écrire les *Confessions*, tout en se laissant aller à ses folies.

Il prétend qu'on fait disparaître les portraits de lui où il a face d'homme pour les remplacer par l'image d'un troglodyte ! On conquiert la Corse pour l'empêcher d'adopter la législation qu'il a rédigée pour elle, etc. Ce qui ne l'empêche pas en même temps d'exercer, — autour de lui, en aumônes, au loin en conseils admirables de direction, — un apostolat qui pour être laïc, n'en a pas moins une grandeur religieuse.

C'est à Monquin qu'il a ses plus violents démêlés avec Thérèse. Elle est lasse de le suivre dans ses trous et de n'y être que bonne au servage domestique. Est-ce l'époque « des plaies et des déchirures », le temps où — au dire de Grimm, langue acérée — elle aurait « couché avec un moine » ? Ce qui est certain, c'est qu'elle est alors sous l'influence d'on ne sait quel ecclésiastique. Emprise que ne peut pas plus tolérer le déïste anticlérical que l'époux frais assermenté.

Il songe, un instant, à la quitter, même se sépare d'elle par un court voyage, d'où il lui écrit la lettre déjà citée, — « *fautes et erreurs à expier* » — et proteste qu'il n'a « pas de désir plus vif et plus vrai que de finir ses jours avec elle dans l'union la plus parfaite, et de n'avoir qu'un lit, *lorsque nous n'aurons plus qu'une seule âme.* »

Il y a des années que la communauté du lit n'est plus, entre eux, qu'un souvenir. Du moins, cette « seule âme », la trouva-t-il enfin lorsque, rentrés à Paris, ils vivent en petits bourgeois tranquilles dans l'humble logis de la rue Plâtrière ? Une pièce, au quatrième étage, sert de cuisine, salon, et salle à manger. Jean-Jacques, en robe d'indienne et bonnet de coton, tout le jour y fait ses copies de musique, gagne-pain à dix sous la page. A moins qu'après ses longues courses de botaniste méticuleux, errant à travers banlieue, il n'herborise, recommençant un nouvel herbier, maniant avec patience colle et pinceau, ou bien qu'il ne joue de l'épinette, ou écume le pot... Un serin gazouille dans une cage, des fleurs ornent la fenêtre. Il a définitivement « déposé sa peau d'ours » et même la robe arménienne, repris la perruque ronde et l'habit gris...

Sept ans s'écoulent de la sorte. Entouré d'amitiés paisibles, il décline. Mélancolique fin d'une vie dispersée entre tant de lieux et de personnes ! Jamais il n'a été plus sage, *et plus fou*. Parfois il entre en convulsions, et le bras passé au dossier de sa chaise, tient des propos incohérents. Lui-même, dans *les Dialogues* (*Rousseau Juge de Jean-Jacques*, où il prend sa propre défense contre un accusateur supposé), a longuement exposé les persécutions auxquelles il se croit en butte.

Jules Lemaître s'est malignement amusé à en résumer l'essentiel, dans une page que je cite, parce qu'elle peint à vif la névrose seconde manière :

« ... On dispose autour de lui les murs, les planchers, les serrures pour l'espionner... On l'enveloppe de mouchards, de filles, de mendiants stylés... On ouvre toutes ses lettres... S'il entre dans un lieu public, tout le monde l'entoure et le fixe, mais en s'écartant de lui et sans lui parler... Au parterre on a soin de placer à côté de lui un garde ou un sergent... On le signale partout aux facteurs, commis, gardes, mouches, savoyards, colporteurs, libraires... S'il cherche un livre, un almanach, il n'y en a plus dans Paris... Les décrotteurs refusent de le décrotter... S'il veut passer l'eau vis-à-vis les Quatre-Nations, on ne passe pas pour lui, même en payant le coche entier... On lui envoie tous les jours des espions sous forme de solliciteurs... On dit aux mendiants de lui rejeter son aumône au nez... On crache sur lui dans la rue toutes les fois qu'on le peut sans être aperçu de lui... On lui donne tous les signes de la haine, en l'accablant des plus fades compliments... En Dauphiné, on écartait de lui toute encre lisible, et celle qu'on lui laissait devenait blanche sur le papier... On ne lui dit que de fausses nouvelles... Pendant huit ans on s'est amusé à le faire voyager à grands frais, lui et sa compagne... On s'arrange pour que, chez les marchands, il paye les denrées moins cher que les autres acheteurs, afin de lui faire publiquement l'aumône malgré lui et de l'humilier... On cherche à l'amener au suicide... On l'accuse de crimes dont il ne peut se défendre, puisqu'il ne connaît pas les accusateurs. Quels crimes ? Il ne sait pas non plus, sinon qu'on raconte qu'il est débauché, et atteint d'une maladie honteuse et qu'il trompe sur le prix de ses copies de musique.

Pour le reste il ne sait pas, mais il sait qu'on l'accuse, etc. etc... » Qui lui fait toutes ces misères ?
« On » qui, on ? Tout le monde, les grands, les
auteurs, les médecins, les femmes en place, les
femmes galantes — l'Europe, l'Univers en tête, et
particulièrement Grimm, Mme d'Epinay, Diderot,
Hume, d'Alembert et tous les philosophes, — Choi-
seul en tête. »

Quand il eut achevé ces fameux *Dialogues*,
testament de ses griefs, il ne crut en pouvoir
mieux confier le dépôt qu'à Dieu. N'avait-il
pas été déjà déçu, pour le fidéi-commis des
Confessions (lesquelles ne devaient être pu-
bliées qu'après sa mort), par des indis-
crétions d'une « insigne duplicité ? »... Dieu
s'arrangerait pour qu'au lieu de rester aux
mains des Curés ou des Moines, l'ouvrage par-
vînt au Roi, qu'il éclairerait.

Le samedi 24 février 1876, Jean-Jacques part
pour Notre-Dame, son manuscrit sous le bras,
avec l'intention de le déposer sur l'autel. Il l'a
nanti de cette inscription : *Dépôt remis à la
divine Providence*, avec ce commentaire à
l'appui : « Protecteur des opprimés, Dieu de
justice et de vérité, reçois ce dépôt que remet
sur ton autel et confie à ta providence un étranger infortuné, seul, sans appui, sans défenseur
sur la terre, outragé, moqué, trahi de toute
une génération, chargé depuis quinze ans à

l'envi de traitements pires que la mort et d'indignités inouïes jusqu'ici parmi les humains, sans avoir jamais pu en apprendre au moins la cause. »

Il trouve, par hasard, les grilles fermées. Dieu même est contre lui. Tout le jour il en erra par les rues, hagard, jusqu'à ce que la fatigue et la nuit le ramenassent auprès de Thérèse, recru de fatigue et hébété de douleur. La Providence s'étant refusée à le laisser parvenir jusqu'au Roi, et un autre dépositaire de sa connaissance ayant à son tour trompé son attente, il remit un fragment du manuscrit à un jeune Anglais, naguère connu à Wotton et qui l'était venu voir. Puis, se défiant encore, il tenta, en attendant mieux, de s'adresser directement au Peuple français, et rédigea à son intention un billet désespéré, sous ce titre : « *A tout Français aimant encore la Justice et la Vérité.* »

Appel dont il fit autant de copies qu'il put, et qu'il remit, jusque dans la rue, à qui les voulait prendre. Presque tous, après avoir lu l'adresse, les lui rendaient. En faut-il conclure, comme lui-même, que peu de Français, dès cette époque, aimaient encore « la Justice et la Vérité ? »

Sans doute, puisque — donnant raison au pauvre Jean-Jacques qui n'espérait plus Justice en son vivant, — il fallut dix-huit ans au Peuple français pour qu'il entendît l'appel. C'est en 1789 que s'édifie à Genève le premier monument des Œuvres Complètes. Et ce n'est qu'en 1794 que Paris pieusement s'incline, sacre solennellement le serviteur de la Vérité.

Toujours est-il qu'après ce suprême éclat la démence de Rousseau s'éloigne, à mesure qu'approche la mort. Il entreprend alors son dernier ouvrage, ces *Promenades d'un Rêveur solitaire*, épilogue des *Confessions*, et qui sont, avec elles, son chef-d'œuvre immortellement jeune.

Notations sincères dont à travers l'innombrable *Correspondance*, on peut, par le quotidien état d'âme, contrôler toute la foncière exactitude. Qui n'a point lu ces deux livres, et les lettres si belles, ne connaîtra jamais le vrai Jean-Jacques.

Il semble qu'en écrivant les *Dialogues*, celui-ci ait éliminé de lui-même ce qui lui restait encore de délire hypocondriaque, comme en écrivant la *Julie* et l'*Émile* il avait éliminé le virus sexuel. Quel enchantement de lire, après ces sombres *Dialogues*, les lumineuses *Rêveries* ! C'est en février 76 qu'il portait à Dieu sa noire offrande. C'est le jeudi 24 octobre, qu'ayant écrit déjà sa « Première Promenade », il gagne, pour y herboriser, les hauteurs de Ménilmontant par le riant paysage de Charonne.

« Je me disais en soupirant : « Qu'ai-je fait ici bas ? J'étais fait pour vivre et je meurs sans avoir vécu. Au moins *ce n'a pas été de ma faute*, et je porterai à l'Auteur de mon être, sinon l'offrande des bonnes œuvres qu'on ne m'a pas laissé faire, du moins un tribut de bonnes intentions frustrées, de sentiments sains mais rendus sans effet, et d'une patience à l'épreuve du mépris des hommes. »

Tandis qu'il s'en va ainsi rêvant, dans le chemin du retour et le soir qui tombe, un gros chien danois, bondissant au devant d'un carrosse, le renverse, à la descente de Ménilmontant, et de si malheureuse sorte qu'il va donner de la mâchoire contre le pavé très raboteux. Quand il revint à lui, la nuit s'avançait.

« J'aperçus le ciel, quelques étoiles et un peu de verdure. Cette première sensation fut un moment délicieux... *Je naissais dans cet instant à la vie*, et il me semblait que je remplissais de ma légère existence tous les objets que j'apercevais. Tout entier au moment présent, je ne me souvenais de rien... je ne savais ni qui j'étais, ni où j'étais, je ne sentais ni mal, ni crainte, ni inquiétude. Je voyais couler mon sang comme j'aurais vu couler un ruisseau, sans songer que ce sang m'appartînt en aucune sorte. Je sentais dans mon être un calme ravissant, auquel chaque fois que je me le rappelle, je ne trouve rien de comparable dans toute l'activité des plaisirs connus. »

Cette admirable page, — dont Tolstoï s'est souvenu, dans *la Guerre et la Paix*, quand, au-dessus du prince André, blessé sur le champ de bataille et partagé entre la vie et la mort, il étend, comme un ciel plein d'espoir, le dais constellé de la nuit, — n'y sentez-vous pas comme un avertissement mystérieux ?... Le passé de tourments s'efface. Le présent est déjà comme illuminé de la grande paix qui vient. La vie s'éclaire, de toute l'obscure clarté de la mort... Crépuscule plein, — pour qui a su, comme Rousseau, péniblement s'élever jusqu'au sommet *del Monte*, — d'une lueur d'aube, où tout un fluide spirituel palpite... La mort est facile, à tous ceux qui ont gravi la route ascendante ; l'esprit apaisé plus facilement se détache...

Suivez, à travers les dernières *Rêveries* de Rousseau, les traces de sa définitive élévation morale, la méditation sur le mensonge et la vérité, la scène délicieuse du marchand d'oublies... Le Promeneur Solitaire, que suit comme un ombre la stupide Thérèse, s'est, au contact de la nature, retrouvé. Déjà le voici

« *tel qu'en lui-même enfin l'éternité le change.* »

Il n'a plus d'autre passion que d'achever, humblement, son herbier. J'ai jadis eu en mains quelques-uns de ces émouvants feuillets bordés d'un trait d'encre rouge. Beau papier jauni, annoté de la fine et ferme écriture, et où dans les grêles végétaux soigneusement appliqués, avec leur forme délicate et leur couleur passée, il semble que l'ancien musicien ait voulu noter encore l'harmonie universelle.

Jean-Jacques n'a plus de rancune, contre personne. Il a même pardonné à Voltaire, qui, le 24 mai 78, meurt quelques semaines avant lui, en pleine apothéose... Rousseau achève de vivre bien modestement, retiré dans son mysticisme, une résignation généreuse et douce, dont la tardive sérénité donne l'exemple achevé de la perfection morale.

Quelques convulsions encore, avec ses dernières circulaires au peuple français, l'une pour protester contre la falsification de ses livres par les libraires, l'autre pour proclamer « son innocence et la méchanceté de ses ennemis », la troisième pour demander, — en échange du peu qu'il a d'argent, d'effets et de rentes, — « un hospice » où le recevoir, Thérèse et lui. Et, cette fois, c'est le bout du rouleau.

Thérèse n'est plus qu'une malade. Lui souffre de vomissements de bile et de crises de nerfs. N'iront-ils pas mourir au vert ? Le marquis de Girardin, ami de son médecin, lui fait alors accepter l'hospitalité d'un pavillon inhabité dans sa propriété d'Ermenonville. Ce Girardin était un original « qui obligeait ses enfants à décrocher leur déjeuner au bout d'un mât et qui finit dans le mesmérisme ».

Il eut, en attendant, l'honneur d'adoucir les derniers jours de Rousseau, ces heures où achevant d'écrire les *Rêveries*, il consacre, au souvenir de Maman, sa suprême pensée :

« Aujourd'hui, jour de Pâques-Fleuries, il y a précisément cinquante ans de ma première connaissance avec Mme de Warens... » Une dernière fois, sa jeunesse flotte devant lui, avec le visage embelli de l'initiatrice, plus séduisante de n'être que l'image du Regret après avoir été celle du Désir. Tout le mirage du passé, avant de s'évanouir pour lui, plane sur ces Charmettes où l'étude, dans la solitude et la contemplation, l'a ceint pour la pénible route. Pauvre Maman, morte dans la misère, sans que Petit ait pu « rendre à la meilleure des femmes, l'assistance reçue... »

C'est sur cette pensée si triste que les *Rêveries* s'achèvent... Une ligne de points de suspension, et puis le mot qui sonne comme, sur la bière, la pelletée de terre : FIN.

Le 27 juillet, toujours souffrant de sa sclérose rénale, après avoir herborisé dès cinq heures du matin, Jean-Jacques rentrait, rapportant de sa promenade du mouron frais pour les oiseaux de Thérèse. Soudain, il est saisi de refroidissement et de coliques. Alors, sentant l'heure venir, il fait ouvrir les fenêtres : « Que cet air est pur ! Que j'ai de plaisir à le respirer encore une fois ! »... Puis il prend remède, se couche, se relève, et, d'une chaise où Thérèse vient de l'asseoir pour lui faire boire du bouillon blanc, il s'abat d'une pièce sur le plancher, sans connaissance ni mouvement.

Il venait de succomber à une apoplexie séreuse. La contusion qu'il se fit au front en tombant, — non moins que les relations presque immédiatement avérées de Thérèse et du palefrenier, John, employé aux écuries du marquis (1), — donnèrent aussitôt lieu au bruit d'un suicide, que l'autopsie, immédiatement pratiquée, a démenti.

Nous savons, par les *Confessions*, que lors-

(1) Elle se mit en ménage l'an d'après, avec ledit John, de son vrai nom Jean-Henry Batty. Il avait trente-quatre ans, et elle cinquante-sept.

que le frère Côme (célèbre chirurgien spécialiste de la maladie de la pierre), l'avait en 1761 opéré, il l'avait du coup délivré de sa phobie, n'ayant en effet trouvé nulle pierre ; mais qu'en revanche il avait constaté que la prostate était squirreuse et d'une grosseur surnaturelle. Ce qui ne devait pas empêcher le malade, avait bien spécifié le frère Côme, de vivre longtemps, mais en souffrant beaucoup.

Le procès-verbal d'autopsie, signé de cinq médecins, ne signala, avec la contusion au front et les sérosités de l'apoplexie, que deux petites hernies inguinales. Aucune trace de l'ancienne maladie de la prostate. « Rien dans les reins, ni dans la vessie, ni dans les urétères, ni dans l'urètre, non plus que dans les organes ou canaux séminaux qui fût maladif ou contre nature. »

En faut-il conclure que Rousseau ne souffrit, physiquement, que de maladies imaginaires ? La science moderne, compte tenu de l'indéniable processus, a remis les choses au point, en établissant que le rétrécissement dont il fut toute sa vie affligé n'est sans doute passé inaperçu, au regard des chirurgiens et des médecins, que parce qu'il était situé tout près du col de la vessie...

Mais il est à observer que guéri, avec l'âge,

de sa névrose sexuelle, Rousseau (dont l'organisme physique semble, au jour de l'autopsie, redevenu presque normal) est en revanche presque jusqu'à sa fin en pleine paranoïa (1), justifiant ainsi la définition nouvelle, la dernière acception psychiâtrique du mot : « Non plus une maladie, mais une constitution, un caractère. »

L'ouverture du cercueil, cent ans après l'ensevelissement, la conformité du moulage mortuaire pris par Houdon et du crâne fameux, alors examiné par le savant Berthelot, ont achevé de dissiper la fable du coup de pistolet au front.

L'Histoire n'en est pas moins accablante, à la charge de Thérèse. G. Lenôtre a conté l'avidité avec laquelle, ayant cessé d'embrasser le cadavre encore chaud, elle avait aussitôt vidé le secrétaire, compté ses 14.000 livres... Et nous savons, par les souvenirs de Girardin, avec quelle âpreté elle réclama, par ce billet savoureux, tous les papiers mis à l'abri, lorsque, John mis à la porte, elle décida de le suivre :

(1) Paranoïa (νοεω, je pense ; παρα, de travers) : « mélange très cohérent d'orgueil, de méfiance, de tendance passionnée à la domination, déformant tous les faits et tous les objets par un jugement faussement prévenu. » Drs Henry Bouyer et Martin-Sisteron : *L'Hygiène mentale et nerveuse individuelle.* Librairie Maloine. 1 vol.

« *Genores pa pances que monsieur deu Gi-rardin ores di fame la fameudeu gan gaque... Failleu moi lanuties deu meu randreu toue les papiers la musique eles quon fesion ineuson paa vous... Jeu quitte vottre mes son geunaporteues riena vous...* » Signé : « *fameu deu gangaque.* » Traduction : « Je n'aurais pas pensé que M. de Girardin aurait diffamé la femme de Jean-Jacques... faites-moi l'amitié de me rendre tous les papiers, et la musique et les *Confessions*, ils ne sont pas à vous... je quitte votre maison ; je n'emporte rien à vous... »

Elle n'emportait, en effet (au Plessis-Belleville où elle se retirait avec son John), que la rente des 14.000 livres servie par le marquis et les diverses petites pensions viagères. L'insatiable palefrenier, promu « homme de confiance », allait ronger le tout, la dévorant sou à sou, jusqu'au squelette. Thérèse avait laissé le respect du mort dans l'illustre demeure, et cette île des Peupliers, qui, devenue sanctuaire européen, abritera, seize ans durant, le tombeau de Jean-Jacques jusqu'à ce que le Panthéon revendique ses restes. (20 vendémiaire An III, 11 octobre 1794).

Un pèlerinage d'admirateurs, depuis 1778, n'avait cessé de visiter, quotidiennement, le poétique mausolée, au bout du petit lac. Lieu sacré pour les âmes sensibles. Même un jeune Allemand, dit-on, s'y suicida... Ici un mot, touchant ce singulier sacrifice. On a prétendu (1) que cette victime volontaire n'était autre qu'un des deux premiers enfants abandonnés par Rousseau.

Recueilli (avec sa carte hyéroglyphique qui le devait faire reconnaître) par un monsieur D, Germain (c'était le nom que son parrain lui avait donné) un jour aurait traversé, devenu grand, Ermenonville où Jean-Jacques précisément venait de se retirer.

Notre philosophe, se promenant lui-même à la recherche de ses plantes, trouve un portefeuille que, non moins précisément, Germain venait de perdre, il l'ouvre et aperçoit... la carte-témoin. Germain, à ce moment, apparaît. Jean-Jacques le considère, puis le serrant avec force contre sa poitrine : — « Jeune homme, lui dit-il, tu vois en moi le plus coupable des hommes, mais ce coupable est ton père. Si tu te sens le courage de lui pardonner, reviens ici demain à la même heure. » Le lendemain, Germain était là, mais Rousseau, lui, n'était plus. Il aurait succombé, en rentrant, à la violence de son émotion... Une noire mélancolie, greffée sur un désespoir d'amour, se

(1) *Journal des Connaissances Médicales pratiques*, 1866, n° 34, cité par le docteur Cabanès.

serait dès lors emparée du jeune homme, qui revint, quelques années après, se tuer sur le tombeau de son père...

Je donne pour ce qu'elle vaut cette romanesque légende. Toujours est-il que, sans plus regretter sans doute ses enfants que le père, Thérèse, veuve Rousseau, mourut le 12 juillet 1801, dans un dénuement profond. John hérita des derniers meubles dont la vente produisit, au juste, 577 francs. Les dettes montaient au triple.

Ce n'était point faute d'avoir mendié, au nom de la grande mémoire. Et jusqu'à la barre même de la Convention. Temps où Rousseau, d'apôtre, était passé Dieu, inspirait toute foi révolutionnaire ! Enghien-Montmorency, fief des Luxembourg et des Conti, n'a-t-il pas été rebaptisé *Émile* ?... Aussi le 26 septembre 1794, quelques jours avant le solennel transfert du cercueil d'Ermenonville au Panthéon, Thérèse, contre négoce de subsides, fait-elle don, au Peuple français, du manuscrit des *Confessions*. On la pria, en souvenir du nom glorieux, de prendre séance. Mais on se garda bien de l'inviter à la cérémonie commémorative. On l'exclut, avec raison, de l'hommage national. Ainsi la maritorne fut-elle, de son vivant, publiquement jugée.

Misérable épilogue d'une destinée dont Thérèse Le Vasseur n'était pas digne, et qui contribue à faire mieux comprendre à quel point était justifié le témoignage par elle rendu, au chevet funèbre de celui dont elle avait accompagné l'existence :

— « Si mon mari n'est pas un saint, qui est-ce qui le sera ? »

La vie de Jean-Jacques fut infernale ? Soit!

Attestons, avec son âpre ange-gardien, qu'elle fut sanctifiée, du moins, par ses années finales. Ses ennemis même, — qui n'ont pas encore désarmé, — sont contraints de le reconnaître. Je m'en tiens au jugement du plus spirituel d'entre eux, Jules Lemaître.

J'eusse pu, aussi bien, me fondant sur le meilleur, avec Faguet, de ses exégètes (Gustave Lanson, *Histoire de la Littérature française*) démontrer, avec la bienfaisance inépuisée de son œuvre (laquelle n'est, en effet, contradictoire qu'en superficie), sa cohérence et son unité profondes.

Je préfère passer la plume au fondateur de la *Ligue de la Patrie française*, avouant, à travers ses réserves, que Rousseau « a été un grand réformateur des mœurs ; qu'il a restauré la morale individuelle en la faisant reposer sur la conscience (« Conscience... instinct divin... guide assuré) et la morale domestique par la réprobation de l'adultère et en prêchant le respect du devoir paternel et maternel (1). »

Est-ce tout ? Non. « Dans ses dernières années, il apparaît dans tout son beau. Rousseau, il faut le dire, est très désintéressé. Il est très charitable, il est sobre. Il est d'une charmante simplicité de mœurs. Il est doux, poli, aimable. Il est pieux. Il est indulgent... » Et, pour conclure : « C'est un homme simple, doux et résigné. Un véritable sage. »

Magnifique résultat de la double « sublimation » ! L'artiste, en cet organisme physiquement et psychiquement malade, d'abord triomphe de la névrose sexuelle. L'homme ensuite, évadé de sa névrose hypocondriaque, s'épure à mesure qu'il monte, vers le suprême sommet de la hauteur morale.

Sans doute ce régénéré restera-t-il, aux yeux de ceux qui ont des yeux pour ne pas voir et des oreilles pour ne pas entendre, le type même du dégénéré... C'est que, plus forte que la parole évangélique, que le pardon du Christ à ceux qui ont beaucoup aimé, subsiste, en ces âmes qui ne sont pas toujours hypocrites, qui sont souvent sincères, l'Idée de Péché, liée, depuis Eve, au Fruit Défendu !...

(1) *Jean-Jacques Rousseau*, 1 vol. Calmann-Lévy.

Tache indélébile au regard de tant de protestants et de catholiques, de libres penseurs même, influencés à leur insu par l'ancestrale routine ! Souillure pour eux inhérente à tout ce qui touche aux choses de la chair, à cette **Sexualité** qui fut pour Rousseau le mal d'abord, puis, par son excès même, le Remède.

L'instinct sexuel est, comme toute source d'énergie, une force à multiples applications : nocives ou bienfaisantes. A la volonté de l'éduquer, en la canalisant vers un emploi fécond. La passion n'use que les faibles. Dérivée sur l'intelligence, la voilà potentiel de réconfort... Sublimation dont, à croire Freud, on peut retrouver une honorable trace jusque dans « la tendance morbide qu'ont certains puritains à être choqués par la moindre allusion à la vie sexuelle » ! Un tel sentiment ne serait, en définitive, qu'un auto-essai de défense du conscient contre l'inconscient, une réaction, involontaire et excessive, contre les tendances sexuelles, *noyau de tous les fruits*, — que ce soient ceux de l'Arbre du Bien comme ceux de l'Arbre du Mal !...

On se souvient des cailloux que jetait Jean-Jacques, contre les troncs moussus du verger des Charmettes : Paradis ? Enfer ?... Le hasard d'une pierre bien lancée le rassura, pour la vie. Ajoutons que, dans la délivrance de la

mort, il avait payé, assez chèrement, le droit
de tomber tranquille, au seuil où se pose le
point d'interrogation de l'Au-Delà...

Saint Jean-Jacques, martyr de la Religion
d'Amour ? Pourquoi pas !... La veuve du conventionnel Philippe Le Bas se signait bien,
chaque fois qu'elle prononçait le nom de Saint-
Maximilien Robespierre. Comme elle honorait
le disciple, honorons le Maître.

O Genevois d'origine et Français d'élection,
pèlerin tourmenté d'une jeunesse folle et
d'une exemplaire vieillesse, toi pour qui la
Vertu n'était point masque hypocrite mais visage de l'Énergie féconde... O toi qui animas
le Spiritualisme en prêchant l'Être Suprême,
et qui cependant, prophète sans le savoir, créas
de nouveaux Hommes-Dieux dans les personnes de Karl Marx et de Lénine, fils naturels de
ta pensée... O père du Socialisme et grand-père
du Communisme, annonciateur qui rêvais la
Terre à tous et le Travail loi souveraine, —
quel mortel, plus que toi (malgré tes fautes
et tes vices, fardeau de la faiblesse humaine),
mérita mieux, par la bonne volonté de ton
tendre génie, d'être inscrit, ainsi que tu le fus
et le demeureras, au calendrier de l'Humanité ?

VII

JEAN-JACQUES ET L'AMOUR. — LA CONCEPTION DU XVIII⁰ SIÈCLE, CELLE D'AUJOURD'HUI ET DE DEMAIN.

Et maintenant, il faut conclure.

D'où vient un si criant contraste entre le fond des idées véritables de Jean-Jacques, en ce qui concerne la femme, et la forme de celles dont, à ne lire que superficiellement la *Nouvelle Héloïse*, on pourrait croire qu'est, à ses yeux, revêtu l'amour.

De ceci que Jean-Jacques, comme la plupart des hommes et des femmes de son temps, n'avait et ne pouvait, de par les mœurs alors régnantes, avoir nulle idée de ce qu'est en somme, et en définitive, l'amour.

L'amour, pour Jean-Jacques, ne fut jamais

— abstraction faite de ses expériences personnelles et de sa stérile manie — qu'un mot virtuel. Amour, synonyme de passion. Et qui dit passion, dit aussi guerre de conquête où se débattent, ivres d'une soif d'inconnu, deux égoïsmes soucieux seulement de s'imposer l'un à l'autre, de se dominer l'un l'autre.

Conflit où bien rarement intervient, comme chez Jean-Jacques, le besoin d'une tendre, profonde, complète compréhension... Il est chez lui, ce besoin, d'autant plus intense que, privé dès le berceau des caresses maternelles, il n'en songe que plus avidement à sa soif, trompée dès la naissance. Toujours, selon ces admirables *Destinées*, où Alfred de Vigny apparaît, lui aussi, quelque peu freudien, « *toujours il rêvera de la chaleur du sein !* »

C'est ce qui différencie Rousseau, (d'autant plus licencieux qu'il est plus impuissant), des hommes de son temps. Il a tant de cœur qu'il ne songe qu'à s'attacher, au rebours des autres qui, à peine satisfaits, se détachent. Ils n'ont qu'un but : la possession. Et voilà tout. But qui n'est, le plus souvent, qu'un terme. Là se limitait alors, pour tant d'êtres, — comme hélas ! encore aujourd'hui, — la grande loi de la perpétuation de l'espèce.

Ce n'étaient partout qu'autels à guirlandes, culs nus d'amours roses voltigeant dans les nuées. Culte, certes, mais superficiel, et qui offensait, par de trop faciles sacrifices, ce qu'il faut appeler *la Religion de l'Amour*.

Quelles sont les maximes inscrites au mur de ces petites maisons ? Qu'enseignent tous ces temples à Cythère ? C'est le féroce *Point de Lendemain*, de Vivant-Denon. A la question que se posait, au plus secret d'elles-mêmes, l'inquiétude des femmes en quête, Chamfort répond : « l'échange des deux fantaisies et le contact de deux épidermes ! » C'est pourquoi tous ces feux ne brûlent qu'à la façon de la glace. Le temps de fondre...

Ici, comme toujours, c'est la faute de la séculaire tyrannie masculine. Durant tout ce sombre et brillant xviiie siècle, (où la fameuse *douceur de vivre* ne fut que l'apanage des privilégiés), la femme n'est qu'un objet de plaisir.

Esclave plus asservie encore lorsqu'elle aime, que lorsqu'elle se divertit ! Quand ce n'est pas la débauche qui la déchaîne, c'est la passion qui la ligote. La débauche est la règle, et la passion l'exception. Que de filles perdues, bonnes à monter dans les charrettes de police, quand elles ne triomphent pas dans les ballets d'opéra ! Que de femmes courant d'une passade à l'autre, sous le morne fouet de l'ennui ! L'amour au xviiie siècle ? Un sexe qui bâille.

Ce ne sont que « caillettes », perpétuellement en mal de chasseur. On compte celles qu'une sincérité, quelque dignité ennoblirent : une mademoiselle Aïssé qui se donne tout entière au chevalier d'Aydie, une mademoiselle de Lespinasse hypnotisée par son Guibert, une madame de la Popelinière suspendue au terrible Richelieu, une princesse de Condé écrivant à son humble chevalier, M. de la Gervaisais, parmi des protestations éperdues, ces plaintes d'un ton si mélancolique et si pur :

« Nous naissons faibles, nous avons besoin d'appui ; notre éducation ne tend qu'à nous faire sentir que nous sommes esclaves et que nous le serons toujours. Cette idée s'imprime fortement dans nos âmes destinées à porter le joug : celui qu'on impose à nos cœurs paraît doux ; d'ailleurs peu de sujets de distraction. Contrariées perpétuellement dans nos goûts, nos amusements par les préjugés, les bienséances et les usages du monde, nous n'avons de libres que nos sentiments, encore sommes-nous forcées de les renfermer en nous-mêmes. Tout cela fait que nous nous attachons, je crois, plus fortement, ou du moins plus constamment... »

Et cette déclaration de servage, où l'honnêteté se nuance de résignation, est signée d'un nom royal ! Quelle forme accusatrice ne prend-elle pas, si l'on considère l'étroite geôle des vies bourgeoises !... De la règle aristocratique et religieuse des couvents à la discipline familiale des logis du Tiers, la femme à cette époque subit, en son esprit, une contrainte égale à celle dont le busc de fer lui corsette le corps...

La loi salique, dès le berceau, l'opprime. Sa naissance même est une déception. L'héritier seul compte, pour la survivance du nom, la continuation des emplois ou des « charges ». La marie-t-on ? C'est toujours sans son choix, et souvent contre son agrément. C'est une enfant encore, et déjà une monnaie d'échange... Épouse, la voilà première domestique. Mère, sa vie féminine est achevée...

Descend-on, de la « dame » et de la « demoiselle », à la paysanne ? On ne trouve plus que la bête de somme, bonne à gratter la terre, remplir l'auge et meubler le grabat.

Il est fatal qu'ainsi parquée, de la duchesse à la goton, chacune, quand elle le peut, s'émancipe... Licence, à défaut d'amour. C'est pourquoi, quand la *Nouvelle Héloïse* éclate, cri discordant dans le rabachage du roman fadement sentimental ou du conte licencieux, elle semble une harmonie inconnue. A ce monde usé de plaisir, à cette société rassasiée « de raffinement et de corruption savante », elle communique une sensibilité, une force « expansives ».

De même, à l'indifférence des mères, l'*Émile* rend le sens et le sentiment de la maternité. Ces seins qui, sous le mouchoir, ne semblaient plus faits que pour les caresses de l'homme, s'épanouissent fièrement, tressaillent aux lèvres exigeantes de l'Enfant. On allaite en public, et jusque dans les loges d'Opéra !

Ainsi Rousseau le dépravé, Rousseau l'anti-féministe, — que de la bonne Mme de Verdelin à la duchesse de Luxembourg, de la marquise de Créquy à la comtesse de Boufflers, tant de spirituelles et nobles créatures chérirent d'une affection platonique, d'ailleurs bien mal récompensée, — mérite-t-il quand même d'être justement appelé, malgré l'étroitesse de ses conceptions et la sauvagerie de ses propos, l'un des apôtres de l'Amour. C'est en cette religion surtout que vaut la parole évangélique : « Paix aux hommes de bonne volonté. »

La Religion d'Amour ! Superstitions d'hier et incompréhensions d'aujourd'hui !... Quel nouveau Jean-Jacques (après Tolstoï et son immortelle *Résurrection*, toute imprégnée de la sève rousseauiste) la prêchera demain, aux pharisiens de France, aux Parisiens de Paris. Aux Parisiennes surtout !

— Quel besoin ? ricanera le sceptique... Vous ne prêcherez, avec votre Religion d'Amour, que des converties. Depuis sept mille ans, disait La Bruyère (ou à peu près), qu'il y a des femmes, et qui aiment...

— Non. Il en est de la Religion d'Amour, et de sa pratique, comme du christianisme, et du catholicisme. Un principe dont à force de s'y asseoir, et même de s'y coucher, la vertu est devenue vice. C'est ainsi que les masques de l'amour ont fini par effacer le visage de la plus pure, de la plus belle des religions, comme les mômeries catholiques oblitèrent l'apostolat chrétien. L'amour, qu'est-ce, en effet, pour trop de femmes ? Un culte, oui, sans doute : celui de leurs charmantes personnes, œil et nombril du monde. Plaire, et par tous les moyens, voilà encore la raison d'être de la plupart, que le dur travail les courbe sur l'établi ou la machine, ou que le désœuvrement ne les penche, hélas ! que sur leur miroir !... L'amour, aujourd'hui, pour ces dames ? Une gymnastique respiratoire. Une course de rivales. Un commerce, pas même d'amitié. Un trompe-l'âme ou un trompe-le-corps. Tout ce que vous voudrez, excepté l'amour !

— Et les mères ? Ce n'est pas à elles que vous apprendrez la Religion d'Amour ?

— Mais si !... Beaucoup donnent, c'est en-

tendu, l'exemple du devoir. Du devoir ménager, du devoir conjugal, du devoir maternel
même, de tous les devoirs (à correction) qu'il
vous plaira ! Mais, parmi les mères mêmes, la
majorité ne conçoit l'amour, avouez-le, que
comme un Paradis perdu où elles souhaite-
raient rentrer, un Paradis dont, bien entendu,
elles seraient l'idole. Idole qu'on choie et
qu'on dore, non point divinité qui anime, et
qui féconde.

— Sévère. Mais juste... Alors que direz-
vous du travestissement de votre religion, chez
les hommes ? Comprennent-ils mieux l'a-
mour ?

— Non. Ils le font ! Et c'est par leur façon
de le faire que nous le voyons devenu ce qu'il
est ! En parlent-ils ? C'est en maquignons...
Laissons ces propriétaires d'écurie. Et revenons aux femmes. Je dis qu'irresponsables à
demi — à cause du long esclavage des siècles,
à cause de leur futilité et de leur médiocrité
héréditaires qui ont, pour excuse et pour raison, d'être depuis Adam, courbées sous le
joug masculin, — les femmes, plus que les
hommes, ont cependant en elles le sens véritable, le sens religieux de l'amour.

Je dis que la femme de demain, forte de sa
franchise et non, comme celle d'hier, de sa
ruse, tient dans ses doigts d'égale, pour peu

qu'elle le veuille, le volant qui redressera l'humanité, dans son éternel élan vers le bonheur tangible. Seul qui compte, puisqu'il est le seul qui existe ! L'humble, le douloureux bonheur quotidien, celui que chacun est maître de se façonner, pour le plus grand bonheur de tous !... Et non cette fallacieuse joie de la Terre promise au Juste par les charlatans de l'au-delà, le numérotage des os dans la vallée de Josaphat, l'enfantine Bondieuserie dont Saint-Pierre agite les clefs et dont le Pape perçoit les honoraires...

J'affirme que de la volupté égoïste au fertile, au bienfaisant Amour, il n'y a que la distance de la bonne volonté au but, — au but que toutes seront, un jour, capables d'atteindre. Et ce but, pour la Femme en chemin, — pour toute cette immense foule des femmes qui marchent les yeux levés et le cœur tendu vers le perpétuel mirage, — c'est une stèle plus noble, une colonne de temple plus haute que l'image de l'antique Phallus.

Le culte de l'amour n'a été jusqu'ici et que le fétichisme du moi, et que l'antagonisme des deux Moi, la femelle et le mâle. La Religion d'Amour, ce doit être désormais la croyance réciproque du couple.

Un sacrement, au lieu d'un sacrilège.

Espérance dans un avenir meilleur, s'il n'est

pas déchiré par un attelage tirant à hue et à dia, s'il n'y a plus, pour les deux sexes, qu'une seule, identique morale. Foi dans une Humanité plus douce, si la femme, chemin faisant, y insuffle à l'homme son sens de la pitié, son horreur de la violence, et ces deux grandes forces qui associées se multiplient : l'Intelligence et la Bonté.

Mais d'abord, mais vite, armons-la, pour commencer, de la même prérogative que l'homme : le bulletin de vote.

Principe acquis dans presque tous les pays, et dont la réalisation eut certes bien étonné Rousseau, si réactionnaire sur ce point !

Il n'y a véritable conscience que lorsqu'il y a véritable liberté. Surtout ne redoutons point celle-ci. Elle porte en elle, toujours, — plus forte que toutes les forces de réaction, — son énergie libératrice : quand, dans le monde entier, les femmes auront conquis l'électorat et l'éligibilité, alors elles ne travailleront plus que pour la vie et non plus pour la mort, comme elles ont, hélas, aidé à faire, durant les cinq Années Terribles.

Il y a cinquante-six ans, en ce fatidique mois de juillet (qui, après les horreurs de 1870, devait revoir celles de 1914), une Impératrice française — il est vrai qu'elle était espagnole — osait dire, du conflit qui en précipitant l'une contre l'autre la France et l'Allemagne allait dévaster tant de foyers : « C'est ma guerre ! »

Il faut que désormais toutes les mères, et dans tous les pays, voient plus loin que la famille et la nation même. Il faut qu'elles enseignent la fraternité humaine, si noblement rêvée par Jean-Jacques, et, tant qu'il y aura des entrepreneurs de massacres, qu'elles se jettent en travers des rails pour arrêter les funèbres locomotives qui emportent à la boucherie des mercantis, les troupeaux des peuples. Alors chacune, à chaque levée d'aurore, aura dorénavant la fierté de pouvoir attester : « C'est ma paix ! »

Credo de la Religion d'Amour.

FIN

E. GREVIN — IMPRIMERIE DE LAGNY — 6-1923.